封印された科学実験

科学の謎検証委員会 編

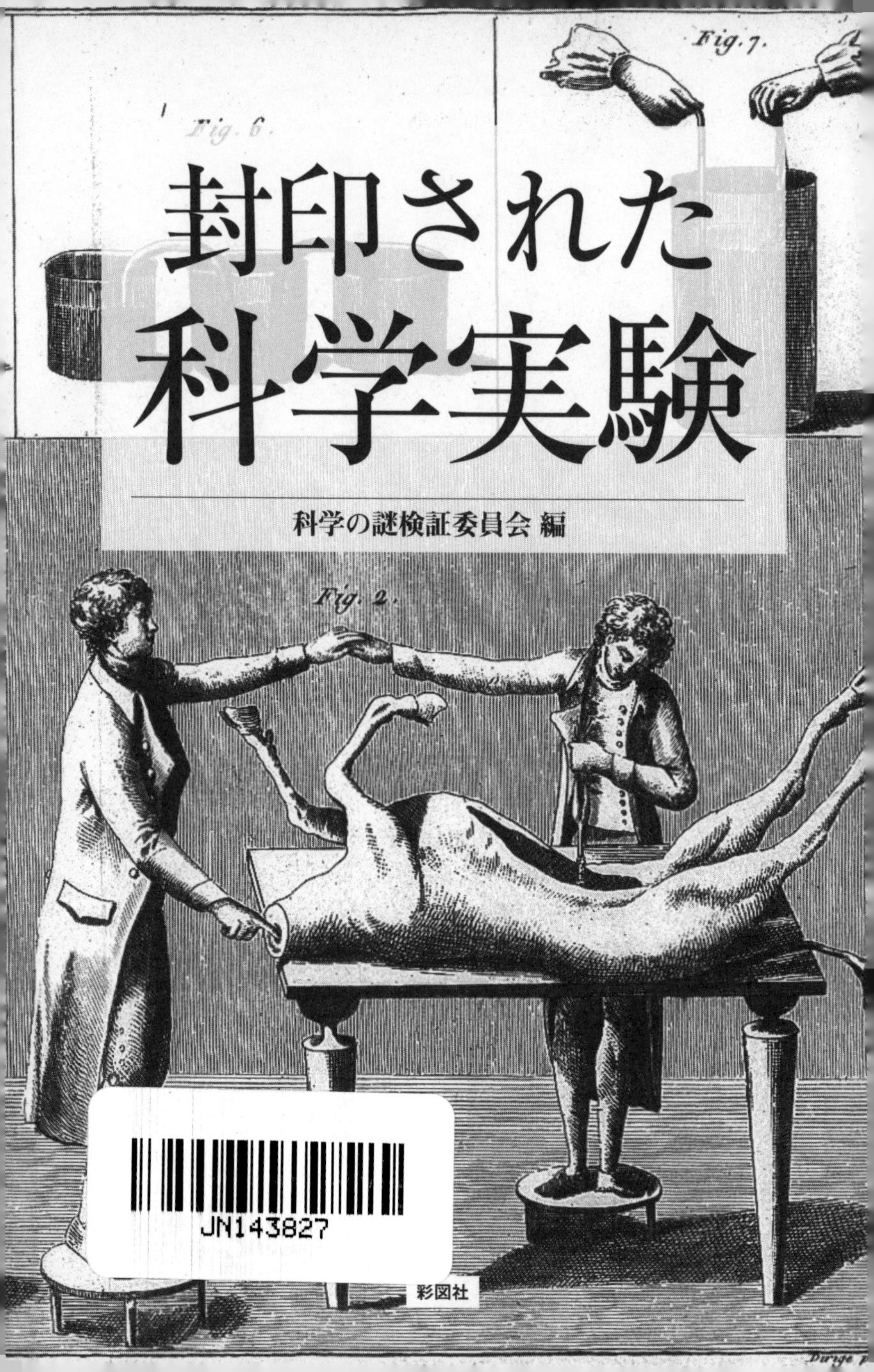

彩図社

はじめに

現代社会に生きる我々は、科学からさまざまな恩恵を受けて生きている。

暑さ寒さをエアコンでしのぎ、飛行機さえあれば世界中のどんな場所にも出かけることができる。薬で体の痛みをやわらげることも可能だ。

しかし、人間の社会生活に利便性や快適性をもたらす反面、科学が危険な面をはらんでいるのも事実だ。

多くの人間を瞬時にして殺戮する核兵器・化学兵器や、人間を思わぬ行動に走らせるマインドコントロールも、科学によって生み出されたものに他ならない。つまり、科学は人々の幸福に寄与する一方、絶望も与える「諸刃の剣」となりうるのである。

そんな、よくもわるくも人間に影響を与える科学だが、それを発展させたのは、科学者、つまり人間である。科学者が人間である以上、どんなに優れた頭脳を持っていても、好奇心や探究心、そして功名心を満たすため、危険を顧みずに研究に没頭する人も必ずいる。しかもそれは、実験結果が危ういというだけでなく、実験方法自体が危険な場合もあるのだ。

本書では、科学史に残る様々な実験の中から特に「危険な実験」を集め、解説している。

数ある実験の中でも、人の心に入り込む「マインドコントロール」は特に危険で衝撃的だ。人間は理性の生き物とも言われるが、その理性は簡単な方法で崩壊させることができる。普通の生活を送っていた普通の人が、あることをきっかけに善悪の判断ができなくなり、とんでもない行動を起こすことがあるのだ。

過去にテロを起こしたカルト集団でも、指導者がこのマインドコントロールを利用してメンバーを操っていたことが指摘されている。

そこで第1章では、精神の脆さに着目し、心理学に基づいて人の心を操る実験を解説。心が追い込まれた場合、人がどうなるのかをまとめている。

続く第2章では、科学者本人が、もしくは第三者が「危険」な目に遭う人体実験を取り上げた。研究結果が人間に対して、どのように作用するかを見極めるには、人体を使った実験が確実である。そのために、自らを実験対象とした科学者、もしくは知らぬ間に実験材料にされた人々の実情を紹介している。

そして、第3章で取り上げるのは「軍事実験」である。

「戦争は発明の母である」という言葉があるように、有利に戦いを進め、勝実に勝利を得るためには、先進の科学技術が必要不可欠だ。そのために、国や軍隊は莫大な費用を掛け、最新兵器の開発に余念がない。そんな軍事利用のために行われた実験をこの章ではまとめている。

最後の第4章では、国家規模で行われた一大プロジェクトと、最新科学実験を紹介する。ナチスドイツが国家ぐるみで行った狂気の実験や、最新技術・大規模予算によって可能になった驚きの国家プロジェクトが主なテーマだ。近年発展が目覚しいＡＩ技術についても触れている。


確かに科学は万能ではない。解明されていない事実も多い。だが、科学技術をもってすれば、全人類を絶滅させることも、地球を破壊することも可能だ。

それなら、我々が科学の恩恵を受けることなく生活することはできない以上、プラスの面だけでなく、マイナス面にも目を向けなければいけないはずだ。

我々が享受する「便利」や「快適」の裏側には、どんな実験が繰り広げられてきたのか。じっくりとご覧いただきたい。

封印された科学実験

目次

第2章　世間を騒がせた驚異の人体実験

第3章 軍事利用のために行われた科学実験

第4章 狂気の国家プロジェクトと最新科学実験

20世紀初頭のスウェーデン人画家リッカルド・ベリが描いた催眠術の様子「Hypnotic Seance」

第1章 人の心を支配する恐怖の心理実験

1 ゲシュタルト崩壊

【自分が誰かわからなくなる】

解明されていないメカニズム

近年、インターネットやテレビを通じて**「ゲシュタルト崩壊」**という現象が知られるようになった。同じ文字を繰り返し見たり聞いたりしているうちに、形がわからなくなってくる。それがゲシュタルト崩壊だ。単純な構造のアルファベットよりも、複雑なひらがなや漢字はゲシュタルト崩壊が起こりやすいため、経験したことがある人も多いのではないだろうか。

「ゲシュタルト」は、ドイツ語で「構造」を意味し、それ以上、バラバラにすると意味をなさないもののことを指す。

人間には、物事や現象を素材バラバラではなく、近くにあるもの、同類のものなど、ある条件に基づいて一つのまとまった集合体として認識する知覚が備わっている。

しかし、あまりにも集中力が高まると、この「構造＝ゲシュタルト」が崩壊することがある。今までは普通に捉えることができていた集合体の全体像が急に把握できなくなり、それを構成している個々ばかりに目がいくようになってしまうのだ。

ゲシュタルト崩壊は1947年、ドイツの神経科医ファウストによって失認の一症候として

ををををををををををををををををををををををををを
ををををををををををををををををををををををををを
ををををををををををををををををををををををををを
ををををををををををををををををををををををををを
ををををををををををををををををををををををををを
ををををををををををををををををををををををををを
ををををををををををををををををををををををををを
ををををををををををををををををををををををををを
ををををををををををををををををををををををををを
ををををををををををををををををををををををををを

同じ文字を連続して見ていると、形が認識できなくなる。

報告された。失認とは、視覚、聴覚、触覚に異常がないのに対象を認識できない障害のことだ。しかし、**そのメカニズムはいまだにはっきりとは解明されていない**謎の現象なのである。

ちなみに、ゲシュタルト崩壊と似た現象に「ジャメビュ」がある。「デジャビュ＝既視感」の反対語で「未視感」を意味し、日常的に体験したり見慣れているはずの物事を一瞬、初めて見たり体験するかのように感じることをいう。こちらもメカニズムは謎のままだ。脳の仕組みとは、まだまだ未知の世界なのである。

誰もが経験済み？

とはいえ、身近で起こる文字のゲシュタルト崩壊程度なら、文字を見直せばすぐに正常に戻ることができるので、深刻な問題にはなりにくい。**危険なのは、分からなくなるのが「字」でなく「自分自身」である場合**だ。

人間は、生まれてから時間をかけてコツコツ経験を積み、人格が形成されていく。ところが人格のゲシュタルト崩壊が起こると、これまで築いてきた人格を一瞬でも見失ってしまうことになる。今まではちゃんと理解していた自分自身に、疑念が起こるのだ。

「私って、こんな顔だったっけ?」

「私は、こんな声だったっけ?」

すぐに自分を再認識できればいいが、もし長時間再認識できない環境が続いたら、脳の混乱が収まらなくなり、ついには「わたしは誰?」と、自我が崩壊してしまう可能性もおおいにあるのだ。

鏡に問いかける実験

では、人格のゲシュタルト崩壊を意図的に他人に利用するとどうなるのだろうか? 恐ろしいことに**「洗脳」**へとつながるのである。

実際、ナチスドイツでは、洗脳を目的とした心理実験が行われていた可能性が指摘されている。ユダヤ人捕虜を鏡の前に立たせ、「お前は誰だ?」と**延々鏡に向かって質問させる実験**を行ったというのだ。

すると、10日程度が経過した頃、被験者の判断力が鈍くなり、物事が正確に把握できなくなった。さらに3カ月経った頃にはすっかり自我が崩壊し、自分が誰だか分からなくなっていたという。

人格のゲシュタルト崩壊を引き起こす道具として鏡が言及されることは多い。

ただ、この実験については、ドイツの戦争犯罪を追及するための「ニュルンベルク裁判」の記録には登場しておらず、実際にあったかどうかは定かでない。しかし、ナチスドイツは洗脳による軍事拡大を企み、様々なプロパガンダを実践していたため、この実験が不気味なリアルさを印象付けるのも無理はない。

なお、実験に鏡が使用されたというのも、リアルさを際立たせている。視覚的にとはいえ、**自分という存在を複数に増やせる唯一のアイテムである鏡は、ゲシュタルト崩壊を招くにはうってつけ**だ。そのせいか、鏡には昔から不気味な言い伝えが多い。

「深夜に三面鏡を見ると、いくつも映る自分の顔の中に、死んだ顔が映る」という言い伝えは、鏡の見過ぎによる自我の崩壊を警告しているのかもしれない。

洗脳の王道手口

このように、ゲシュタルト崩壊は悪用すれば非常に危険な結果を招く。そして現代でも、これを利用した洗脳が、カルト集団や自己啓発セミナーで頻繁に行われているのだ。

方法は次の通り。洗脳対象が見つかると、まず閉ざされた環境でお経を一日中聞かせたり、同じ挨拶や標語を、くたくたになるまで何度も言わせたりする。すると、対象者は内容がわからなくなり、ただ「聞くだけ、言うだけ」の状態になってくる。これが「思考の停止」である。そこから、今までの生活や仕事について一つひとつ繰り返し「あなたはそれでよかったのか?」と問いかける。これはその人の存在の「部分」を浮き上がらせ「全体」を見えなくするためだ。自己のゲシュタルト崩壊を起こすよう、巧みに誘導するわけである。そしてついに対象者がアイデンティティをなくし、自分の意見を失ったら、新たな思想や思考を植え込み、洗脳が完了するのである。

これは**「否定型」**という洗脳のスタンダードなテクニックであり、**社会的に成功していたり地位や名声に恵まれていたりする人ほど、かかりやすい**という。人間、一度価値観を壊されてしまうと弱いもので、崩壊した自我の確立を急ぐあまり、すぐに手を差し伸べてくれる人を頼ってしまうのだ。

これを巧みに利用したのが、「オウム真理教」である。高学歴の社会的エリートを洗脳によっ

小説『鏡地獄』で鏡によって発狂する男の物語を描いた江戸川乱歩。自我をテーマにした文学作品の中には、ゲシュタルト崩壊に近い描き方をしたものが少なくない。

て熱心な信者にしたてあげ、人の命を奪うほどの犯罪に加担させたのだ。

つまり、**他人の人格を変え意のままに操ることは可能**だということだ。ナチスドイツが行ったという「鏡の実験」は、都市伝説としてではあるが、今でも「本当に気が狂うので試してはいけない実験」として話題に上がることがある。また、江戸川乱歩の小説『鏡地獄』では、鏡の球体の中に自ら入った男が「たくさんの自分」に混乱し最終的に発狂するという、ゲシュタルト崩壊を思わせる結末を迎えている。

小説や都市伝説で済めばいいが、鏡を使ったゲシュタルト崩壊は「開けてはならないパンドラの箱」のようなものだ。勉強に熱中し、漢字が少しバラバラに見えて戸惑うくらいの影響でとどめておきたいものである。

2 思い込み実験

【気の病が死にいたる?】

人は思い込みで死ぬ?

「病は気から」という諺《ことわざ》がある。確かに、ちょっとした体調は気の持ちようで変わるものだし、思い込みで気分がよくなることもある。

しかし、思い込みの力には案外危険な面もある。下手をすると**人が死ぬこともある**のだ。

その例としてよく挙げられるのが、**「ブアメードの血実験」**伝説である。

19世紀のヨーロッパにおいて、死刑囚ブアメードは、とある実験の被験者を引き受ける。それは「人間が生きるためには、体重の10パーセントの血が必要である」という定説が本当かを確認するという実験だった。

医師団はブアメードの足の指にメスを入れた。目隠しをされて手足を縛られ、横になったブアメードには、足元にある容器に自分の血液が「ポタッポタッ」と滴る音のみが聞こえる。医師団は1時間ごとに、容器に溜まった出血量を告げた。

ブアメードは、出血量の増加とともに死が迫っていることを意識したのかもしれない。しばらくして、彼は本当に死んでしまった。

ところが実は、医師団はブアメードから血を1滴も抜いておらず、単に水滴の音を聞かせて

思い込みが心身に影響を与えることは科学的に証明されており、研究も盛んだ。

いただけだった。つまりブアメードは、「自分は血をとられ、死ぬ」という思い込みだけで死に至ったのである。

ただ、この伝説については諸説あり、しかも時期も場所もバラバラの話が多いことから、実験が本当にあったかどうかは明確でない。

誤ったがん宣告で死んだ患者

とはいえ、**「思い込みが死に至る」症例が多く報告されている**のは事実だ。２００５年にはアメリカの医師クリフトン・ミーダーが、サムという患者の興味深い臨床例を発表している。

サムは末期の肝臓がんの診断を受け、余命数カ月と宣告された。サムは絶望し、みるみる生きる気力と体力を失い、告知された余命年月の前に死亡してしまった。ところが検死の結果、驚くことにサムの腫瘍はごく小さなもので、しかも転移もしていなかった。つまり、医師の誤診だったのだ。ということは、サムは腫瘍ではなく、「がんで死ぬ」という思い込みで死んでしまったことになる。

このように、間違った情報にそのまま反応してしまうことを**「ブレインロック現象」**といい、無害なものを有害と信じて病気になったり、死に至ったりするほどの影響を引き起こす心理現象を**「ノセボ効果」**と呼ぶ。

そうした状態は**過度のストレスに晒されたときに陥りやすい**。人は、長期間強い悲しみや絶望を感じると、体内ではそれを緩和させようと様々な機能が働くのだが、それが度を越すと問題が起きるのである。

例えば、人間の脳は気持ちを高揚させる必要があるとき、交感神経が働き興奮物質であるアドレナリンを放出させる。逆に、気持ちをしずめるときは副交感神経が作動し沈静物質のアセチルコリンを分泌させてバランスを取っているのだが、脳が精神的動揺を慢性的に感じている場合、両物質が長期間にわたって放出され、心臓に負荷を掛けてしまうのだ。それがジワジワと蓄積することで、生命に影響を及ぼすと考えられている。凝り固まったマイナス思考は、「命を蝕むウィルス」になってしまうのである。

呪いの正体

このように、ノセボ効果による思い込みは人体に多大な影響を与える。これを人に利用すれ

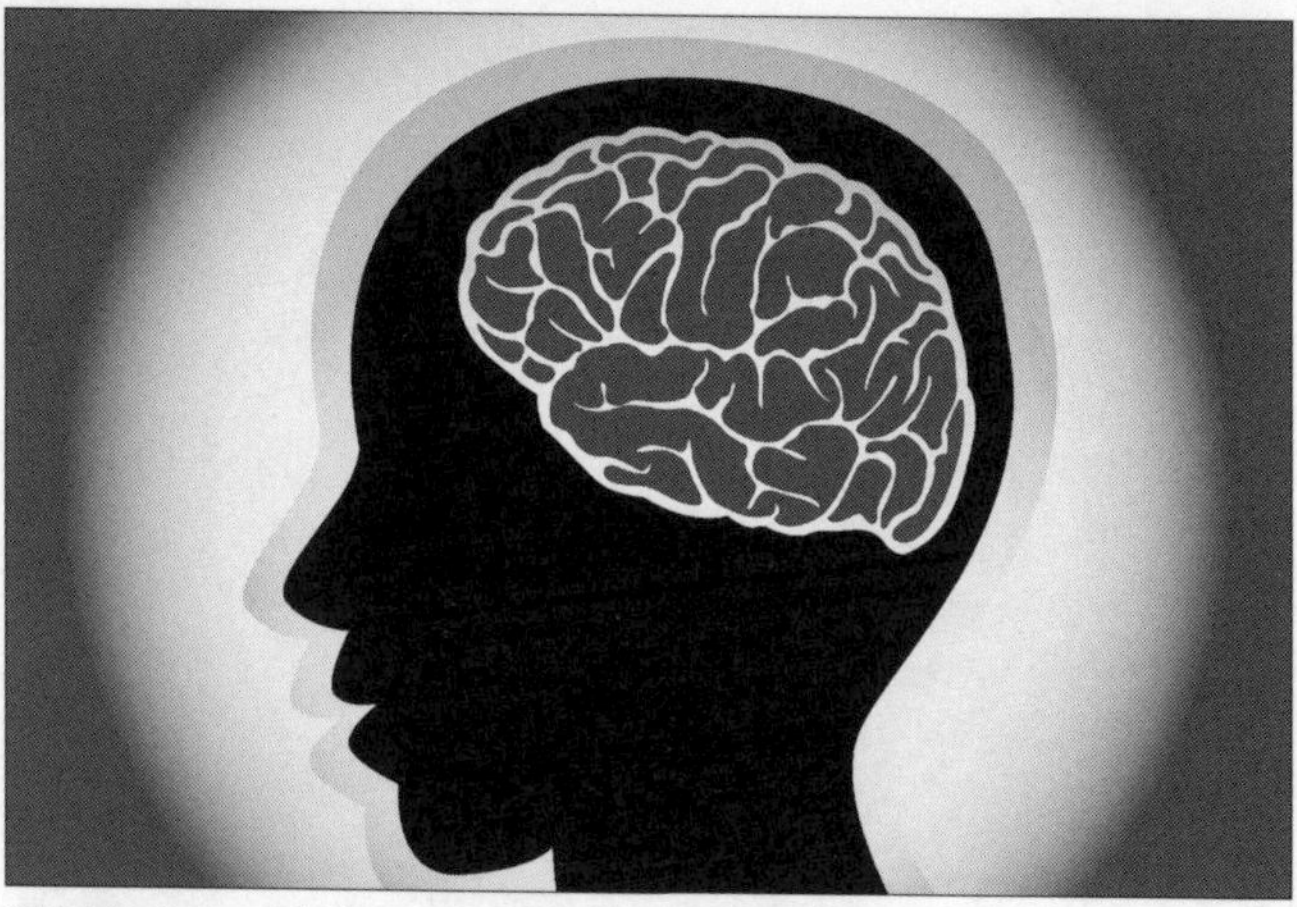

過度にストレスに晒されると、間違った情報をそのまま受け入れる「ブレインロック現象」に陥りやすくなる。（©Copyright Images are generated by Freepik.com and licensed for reuse under this Creative Commons Licence）

ば**「呪い」をかけることさえできる**のだ。

例えば冒頭で紹介したブアメードも、「体の血の10パーセントが抜けたら死ぬ」という死の暗示によって呪いをかけられたと言えるだろう。

他方、日本の呪いといえば丑《うし》の刻《こく》参りが有名だ。恨みがある人の髪の毛を入れたわら人形に相手の名前や住所を書き、丑三つ時に神社の木に打ち付けることで呪いをかけるのである。

この日本の呪いも、ノセボ効果で説明がつく。昔の神社は村落共同体の社交場として機能していたため、わら人形が個人情報入りで打ちつけられようものなら、一気に噂が広まり、恨みの対象となった本人まですぐ伝わった。

誰かに呪いの儀式をされるほど強く恨まれていると知れば、たいていの人は気味が悪くなるものだ。「呪いが本当にかかったら自分は死ぬのだろうか」という恐怖感で、気を病み体調が悪くなっていく。**その不調の正体は「気の持ち様」**なのである。

しかし、どれだけ恨まれようが気にしない鋼のメンタルタイプには、呪いはかからないし、それどころか逆に仕返しをするかもしれない。つまり「呪いは失敗すると自分に跳ね返ってくる」という言い伝えもノセボ効果で説明できるのである。

また、信仰心が篤かったり、強い思想を持つタイプは、こういった思い込み現象が良くも悪くも体に出やすい。例えば、イエス・キリストの磔でついた傷が信者らの体に現れる奇跡「聖《せい》痕《こん》現象」はキリスト教信者に稀に起こるが、「ここに傷ができる」と信じ込むことで、実際にそれが肉体に現れると考えられている。

強い信念は肉体と密接に関係し、時には、外側からなにも衝撃を与えなくとも「頭で考えた通り」に反応を起こすのである。

医療ドラマの観過ぎに注意

最近では、**医療ドラマの観過ぎ**は誤った健康リスクや病気のイメージが刷り込まれる危険性があると警告する研究者もいる。

２０１０年には、アラバマ大学のコミュニケーション・カレッジの健康な学生（18歳から31歳）約３００人に、医療ドラマの影響度について調査したところ、なんと病気や医療問題を扱ったドラマをよく観ている者ほど、人生の満足度が落ちているという結果が出たという。

医療ドラマは、視聴者を取り込むためにリア

アメリカの医療ドラマ「Emergency!」の一場面。医療ドラマは長年にわたって世界中で放送されてきたが、過剰な演出が危険な思い込みをもたらす可能性も研究者によって指摘されている。

ルさを追求しながら、極端な治療法や治療の経過を描写したり、患者が苦しむシーンを映したりすることが多い。それを視聴者が「自分にも起こりうる」と思うことで、病気や病院へのマイナスイメージが定着していくのだ。

こうした身近なテーマに関して研究者が言及していることからもわかるように、最近の医学界では、**「悪い思い込み」もれっきとした病因として認識する**ようになっている。

科学が発達した文明社会では、呪いや思い込みは迷信だとして軽く見られがちだが、情報が膨大にあふれる現代だからこそ、身近な場面で思い込みの危険は付きまとう。否定的な考えや安易な説明に支配されると、かかるはずのない病気を自ら誘導し、その重みに押し潰されることも起こりうるのである。

3 ロフタスの偽記憶実験

【ウソの記憶が真実となる】

思い出は真実なのか？

子どもの頃にあんなことがあった、学生の時にはこんな出来事があった――。誰にでも、大切にしている思い出はあるものだ。

古くから、人々は記憶とは一体何なのか、考えを巡らせてきた。古代ギリシャの思想家プラトンは人の心を鳥かごに例え、そこに入る鳥のように記憶は完全に形を保ち、事実がありのままに保管されているとした。他方、近代になって精神医学を生み出したフロイトは、記憶は映画のフィルムのように脳へ録画されて、自由に脳内で再現できるとした。

理論の内容に違いはあれども、両者は共に、記憶は過去の出来事がそのまま保存されたものだと考えた。思い出は絶対の真実だとする考えはわかりやすくて共感が得られやすいため、プラトンとフロイトの理論は一般でもよく受け入れられていたという。

だが、記憶というものは本当に、過去の出来事がそのまま記録されているのだろうか？　こう考えた研究者は決して少なくない。フロイト自身も、記憶を夢と現実が混合した曖昧なものと考えていた時期があったぐらいだ。

そして中には、**記憶は不確かで信頼できない**

記憶を鳥かごに例えたプラトン（左）と映画のフィルムに例えたフロイト（右）。共に過去の記憶は脳内に保存されていると考えた。

と考え、実験によって自説の正しさを証明した研究者もいたのである。

ねつ造される虐待の記憶

それが、戦後アメリカの女性心理学者**エリザベス・ロフタス**だ。ロフタスは、記憶がそのまま保存されるとする従来の説に、異論を唱えた研究者の一人である。彼女は記憶と想像の間を仕切るカーテンはごく薄いものに過ぎず、僅かなノイズで簡単に変化すると考えていた。

彼女のこの理論は、依頼人を守る弁護士たちの注目も集めており、協力関係を築いていた。記憶に関するトラブルは法廷でひっきりなしに起こっていたため、彼女は自身の理論を証明するためにも、弁護士団体への協力を惜しまなかったのである。

そんな中、ロフタスは1990年に起こったある事件をきっかけにさらなる実験を決意した。

90年代初頭のアメリカは、**セラピストの治療で虐待の記憶を思い出した子どもが親を告発する案件が多発**していた。その結果、何十万人もの年老いた親が裁判所へ連行されていたのだが、大半は虐待の証拠が何もなく、子どもの証言だけで有罪となっていたのである。

記憶の曖昧さを主張するロフタスからすれば、こうした状況は冤罪を生み出しかねない危険なものに映った。そこでロフタスは、ジョージ・フランクリンの弁護士に協力を申し出る。ジョージは20年以上前に娘の友人を強姦殺人したという容疑で逮捕されたのだが、物的・状況証拠はなく、ジョージは娘の記憶を基に告発されていた。

ロフタスは証言台で、娘の記憶は治療の過程で作られた虚偽のものであると訴えた。しかし結局、裁判官らは彼女の主張に耳を貸さなかった。ジョージは有罪となり、ロフタスは自身の理論を全否定されたのである。

この事件をきっかけに、科学的実証がなければ理論の正当性は認められないことを彼女は改めて痛感。そこで裁判から3年後の1993年に、記憶の不確実性を実証する実験が開始されることになったのだった。

植えつけられたニセ記憶

ロフタスは助手と協力し、被験者として大学生を24人集めた。実験方法は次のとおりである。

記憶の不確実性を実証するために偽記憶実験を実施した心理学者エリザベス・ロフタス（©Copyright Images are generated by BDEngler and licensed for reuse under this Creative Commons Licence）

まず被験者である学生の家族から幼少期の思い出話を聞き出し、内容を書き記した小冊子を用意する。ただし、その内容には「ショッピングモールで迷子になった」というニセの思い出話が混ぜられていた。そして、思い出に覚えがなければ修正するよう指示し、学生たちに小冊子を手渡した。

すると、**学生の25パーセントが、架空の思い出話を真実だと思い込んだ**のである。それ以上にロフタスを驚かせたのは、学生たちが語った話の内容だ。嘘の思い出は大まかにしか書かれていないのに、迷子になった時の心情や行ったことのないショッピングモールの構造を事細かに話し、さらにはお年寄りが助けてくれたこと、涙を拭いたタオルの感触、通路を走って滑ったことまで語ったのである。もちろん、老人の救助やタオルのことは冊子に書かれていなかった。彼らは自分自身で記憶をねつ造したのである。

科学雑誌『アメリカン・サイコロジスト』で発表された実験結果は、各界に衝撃を与えた。結果を批判する研究者も少なくなかったが、他の研究者らが同様の実験を行ったところ、小さな出来事なら、高確率で自分の体験だと思い込ませることに成功。ブリティッシュ・コロンビア大学のスティーブ・ポーター博士の実験では、なんと「子どもの頃に猛獣に襲われた」というニセの記憶を、半数以上の被験者が事実と誤認したのである。

ニセ記憶が及ぼす偽りの憎しみ

これら偽記憶の実験結果によって、裁判所はようやくロフタスの主張を受け入れた。**記憶頼りの裁判は行われなくなり、客観的証拠のない告発は却下されるようになった**のである。

その後、虐待疑惑で有罪となった親達の再審が始まり、ジョージを含む被告の多くが無罪を勝ち取った。一説によると、告訴された親の7割ほどが無実だったとされている。

こうしてロフタスの実験は、プラトンやフロイトの理論を覆したのみならず、司法を正常な姿に戻すことになった。しかし、全てが丸く収まったわけではない。今度は親達が子どもと告訴の関係者を相手に、賠償と謝罪を求める報復裁判を始めたのである。さらに一連の実験は、ある恐ろしい可能性をも示してしまった。

例えば、とある人物に「子どもの頃に○○という人物から酷いイジメを受けていた」という

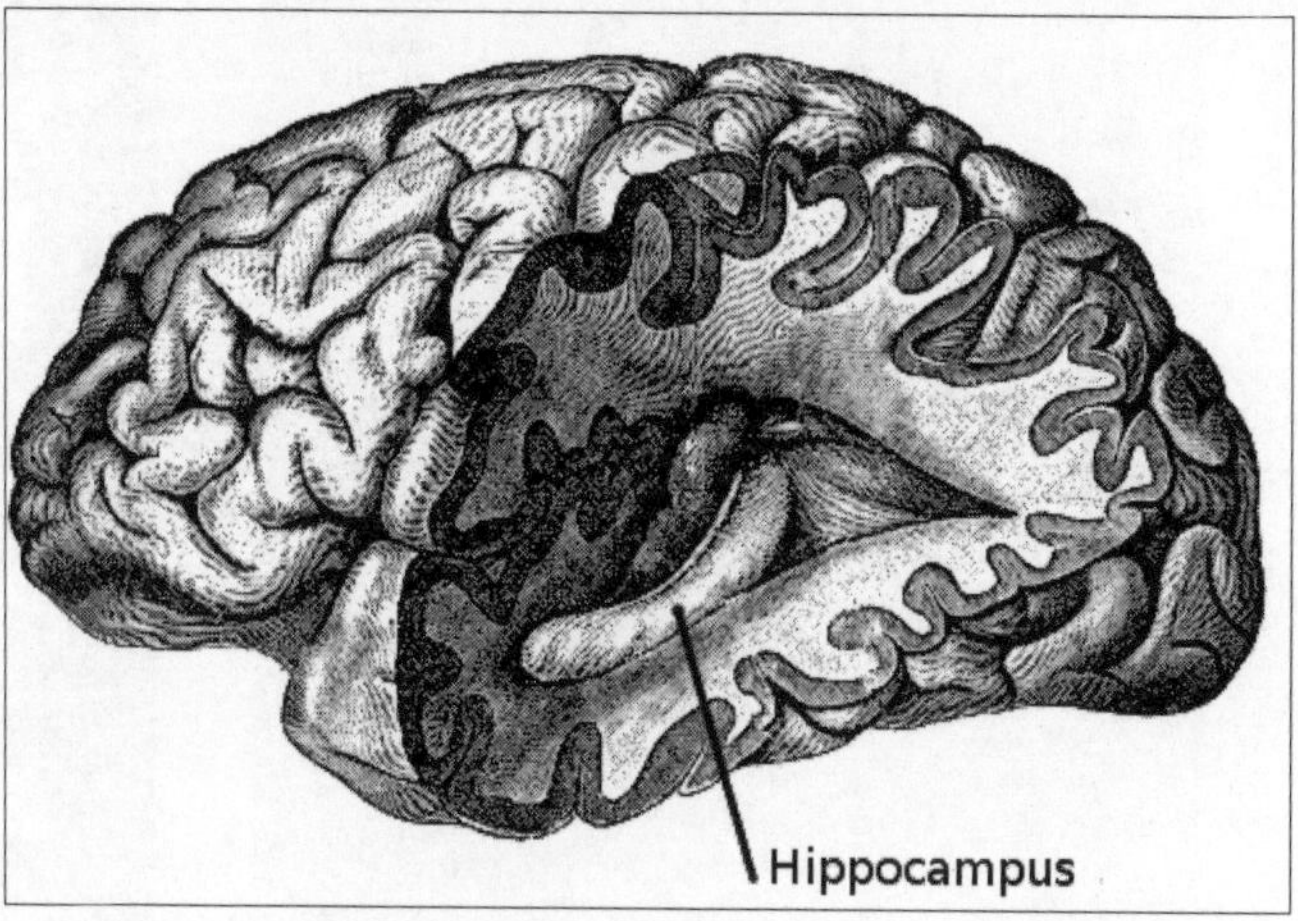

記憶の定着に関わる脳の器官海馬（Hippocampus）。現在では脳科学の分野でも記憶に関する研究は盛んになっている。

ニセの記憶を植えつけたらどうなるだろう？　植え付けに成功すれば、**対象への不信感が芽生える**に違いない。上手くやれば人間関係を破綻させることができるし、エスカレートすれば、本来は恨みのないはずの相手へ「復讐」をさせることだって可能なのだ。

素人がここまで記憶操作をするのは不可能だが、世界のどこかでニセ記憶を利用したマインドコントロールが行われていたとしても不思議ではない。

記憶の真偽を調べることは難しいが、思い出が簡単にねつ造されるとわかった以上、過去の出来事に囚われすぎるのは、よくないかもしれない。今も大事に思っている、もしくは疎ましく感じている思い出も、思い返せば違う面が出てくるかもしれないのだから。

4 サードウェーブ

【アメリカの子どもをナチス党員に変えた心理実験】

ナチスに志願した若者たち

独裁者アドルフ・ヒトラーを指導者とし、約70年前のヨーロッパに戦乱を巻き起こした「ナチス」。正式名称は「国家社会主義ドイツ労働者党」といい、ユダヤ人撲滅とアーリア人による独裁主義を掲げて戦前ドイツを支配した、全体主義組織である。

ユダヤ人虐殺や拡大主義による侵略戦争という多大な悪影響を世界に及ぼし、今なおその悪名は知られている。

しかし、第一次大戦から数年経ったドイツでは、ナチスが急速に支持を拡大していた。支持を集めたのは、ベルサイユ条約下で過酷な債務を科せられたドイツを立て直し、1929年に起きた世界恐慌による不況からいち早くドイツ人を救ったという功績があるからだ。

その人気から当時のナチスには多くの若者が参加したが、入党を強制されたケースはごく稀で、自ら志願する若者が大多数だったという。

もっとも、当時のドイツはヒトラーの神格化が進んでいたので、国民がナチスに心酔しても不思議ではない。ではもし、**現代でナチスのようなファシズム組織が登場したら、人々は支持するのだろうか？**

敬礼するドイツの子どもたち。アメリカのある教師は、当時の国民がナチスを支持した理由を伝えようと生徒向けに心理実験を行った。

普通に考えれば、戦争を反省し民主主義が台頭した現代で、ナチスが支持を得るわけがないと多くの人は思うかもしれない。だが、必ずしもそうとは言い切れないことを、アメリカの実験は証明してしまったのである。

高校教師の体験授業

１９６９年、カリフォルニア州カバリー高校のロン・ジョーンズ教師は、授業に行き詰まりを感じていた。彼は歴史の授業で、ナチスとヒトラーについて説明をしたのだが、生徒は当時のドイツ国民がなぜファシズムを肯定したかを一向に理解できなかったからである。

これは生徒の学習力が低かったわけではなく、民主主義社会に慣れ親しんだ彼らでは、全体主義への中立的な見方が出来なかったことが大きいだろう。記録映画や当時の人々の証言を紹介するなど、工夫をしても効果は薄かった。

しかしある時、ジョーンズは授業をより円滑化するための秘策を思いつく。それは、**教室にナチスを再現した擬似組織を作り、ドイツと似た状況を経験させる体験授業**だった。

まずジョーンズは、規律の強化と称して細かなルールを制定した。もちろん、授業の一環なので「常に姿勢を正す」「持ち物を多少制限する」「質問の前に許可を求める」などの軽いルールばかりだった。そのため、生徒たちからの反発はほとんど起こらず、逆にゲーム感覚で面白がり、翌日も実験の続行を望んでいた。

ジョーンズはここで、生徒の異変に気づくべきだった。しかし、ファシズムを知る良い機会と判断してしまい、1日限定だったはずの実験は延長された。さらに、規則を増やしただけには終わらず、実験をよりナチスへ近づけた形、すなわちジョーンズを指導者とする反民主主義運動であると生徒へ説明してしまった。

「我々は崇高な目的のため団結しなくてはならない。共同体の理念のために行動することで、初めて優れた力を得られるのだ」

そうした主張から新しい実験は**「サードウェーブ」**と名づけられた。ジョーンズの熱弁は生徒の方針を決定付け、彼らは実験にいっそうのめり込んでいったのだった。

エスカレートする生徒たち

実験開始から3日目になると、生徒たちの行

サードウェーブ実験について説明するロン・ジョーンズ（画像引用：YouTube「The Wave by Ron Jones」https://www.youtube.com/watch?v=iM7zC6aS4pQ）

動はより一体化されていった。共通の腕章を自ら作り、軍旗風の旗まで用意して運動のシンボルとした。服装や髪型まで可能な限り統一し、さながら軍隊のようだったという。

そうしてクラスを統率した生徒たちは、ジョーンズの予期せぬ行動に出た。**外部への勧誘**である。勧誘活動は全学年から様々な形で注目され、多数の学生が運動に興味を示した。だが、反民主主義運動という思想に危機感を持つ者も少なくなかった上、外部との接触で一部の生徒が正気に戻り、クラスの内部からも批判の声が出始めていた。

運動の支持者たちは、こうした批判者たちを徹底的に攻撃した。差別感情を隠そうともせず、暴力行為すら辞さず、内部の批判者は容赦なく密告されて制裁を受けた。もはや生徒の暴走は制御不能に陥り、ジョーンズは校内外からの要請で実験中止を余儀なくされた。

ただ、もはや生徒の意志はジョーンズの手を離れかけていたため、中止すると言うだけでは止められない可能性があった。そこでジョーンズは一計を案じる。

まず、クラス全員と運動に賛同した人々を講堂へ集めた。そして、生徒たちがジョーンズに心酔していることを確認してから、こう言った。

「君たちが信じたものの正体を見せよう」

そうしてスクリーンに映し出されたのは、生徒たちが理解不能だったはずの、ヒトラーとナチス党員の映像だった。

コミュニティと指導者を重視しすぎる体制と意に反する者をことごとく排除する姿勢。まさに**今の生徒たちは、ナチス党員そのもの**だった。

生徒たちはようやく目が覚めて、軍隊風の服装とルールは廃止。こうしてサードウェーブは、5日も経たずに中止されたのである。

全体主義がもたらす悪影響

普通の高校生がナチス党員のようになった実験は世界中から注目を浴びることになり、2008年にはサードウェーブを題材にしたドイツ映画『THE WAVE』が公開された。

映画ではジョーンズを諸悪の根源としていたが、果たしてそうだろうか? 人間には誰でも成功への欲求がある一方で、他者や権力に従属したがる面も持ち合わせている。自らの力で成功できる人間ならいいが、自身の力で勝てない者は、強い他者や集団に帰属することで自信を

第一次大戦に敗れたドイツは莫大な賠償金を請求され、国民生活は困窮。紙幣が紙くず同然となり、子どものおもちゃになる始末だった。そんな中、ナチスは不況を解消させ、支持を集めた。

復活させようとする。

　サードウェーブでも、熱心に支持した生徒は、いじめられっ子、移民、成績下位者など、普段立場の弱い子どもが中心だったという。戦前のドイツでも、大不況の無力感を解消するため、若者はナチスにのめり込んだと見られている。まさに、戦前ドイツの若者とアメリカの学生をファシストにした真犯人は、**人間の誰もが持つちょっとした弱さ**だったのだろう。

　現在の世界では、世界不況やテロの影響で人々の不平不満が溜まり続け、過激な発言を続ける人物に支持が集まりやすくなっている。社会不安で極右・極左勢力に支持が集中した、第二次大戦前と似たような状態だ。こうした状況が続けば、「21世紀のナチス」がそう遠くない将来に出現してもおかしくない。

5 洞窟隔離実験

【孤独な暗闇が人の心と身体を蝕む】

自分を試したかった女性被験者

1989年1月13日、アメリカ・ニューメキシコ州にある地下150メートルの洞窟で、ある実験が行われた。それは、太陽の光も外の音も届かない環境の中でたった1人、4カ月間生活したら人体にどんな影響が出るかを確かめる**隔離実験**だった。イタリアの社会学者マウリツィオ・モンタルビーニ博士とアメリカ航空宇宙局（NASA）の共同研究で、暗闇での生活体験を火星探査前の宇宙飛行士テスト項目に設定するのが目的であった。

実験台を買って出たのは、インテリアデザイナーのステファニア・フォリーニという27歳の女性だ。挑戦に立候補する気になった理由について、彼女はこう答えている。

「自分の力の限界を試したかったから」

こうしてステファニアの挑戦が始まった。この実験が、彼女や科学者たちの想像以上に過酷なものになるとは気づかずに。

体内時計だけが頼り

洞窟内の気温はおよそ20度。太陽の光は届かず、周囲を覆う闇が奥深くまで広がっている。

外部との接触を断たれ洞窟内で暮らした場合、人間はどうなるのだろうか？

実験中の４カ月で彼女の友だちは、時折姿を見せるクモやネズミくらいだった。

そんな環境下でも、ステファニアは洞窟内を快適にしようとできるだけのことをした。インテリアデザイナーという職業をいかして、アクリルガラスで作られたスペースに太陽や花などの飾りを貼り、退屈しないよう娯楽道具も持って入った。

しかし、時計の持ち込みは禁止されていたので、昼夜を判断することはできなかった。光も一切入ってこないので、**頼りになるのは体内時計だけ**だった。

しかも孤独であるにもかかわらず、プライベートはほぼ奪われた状態だった。洞窟の上には研究チームが待機しており、彼女の一挙一動はカメラで監視されていたからだ。

ステファニアの役目は、1日に一度、血液や尿を採取し、指定の時間に洞窟の入口付近に置いておくことだった。それに加え、不定期で脳波や運動機能も調べられた。

それでも彼女は前向きに、1日のスケジュールをこなしていたが、体と心には徐々に、様々な変化が現れてきたのである。

身体と精神への異常

まず、眠くなる時間が日に日に遅くなった。そのため、ステファニアの感じる1日は、24時間から26時間、そして28時間と、どんどん長くなっていった。

加えて、時間経過を判断する力も低下。30時間起き続けることもあれば、14時間寝ても「2時間しか寝ていない」と主張する日もあった。

こうして1日の感覚が伸びることで、自然に三度の食事の間隔も長くなり、体重が減り、生理も止まった。

しかし、それ以上に深刻だったのは、**精神のバランスが崩れ始めた**ことである。

ステファニアは、洞窟内の生活を必死で盛り上げようとした。時には持ち込んだギターをつま弾き、居住スペースの模様替えもしてみた。だが、その努力の甲斐もなく、集中力はどんどん低下していく。

何をしてもすぐに思い出せない。それどころか、自分の行動について、1時間前にやったことか1カ月前にやったことかわからない。感情の起伏も激しくなっていき、「洞窟が自分を歓迎していない」と恐怖することもあったという。

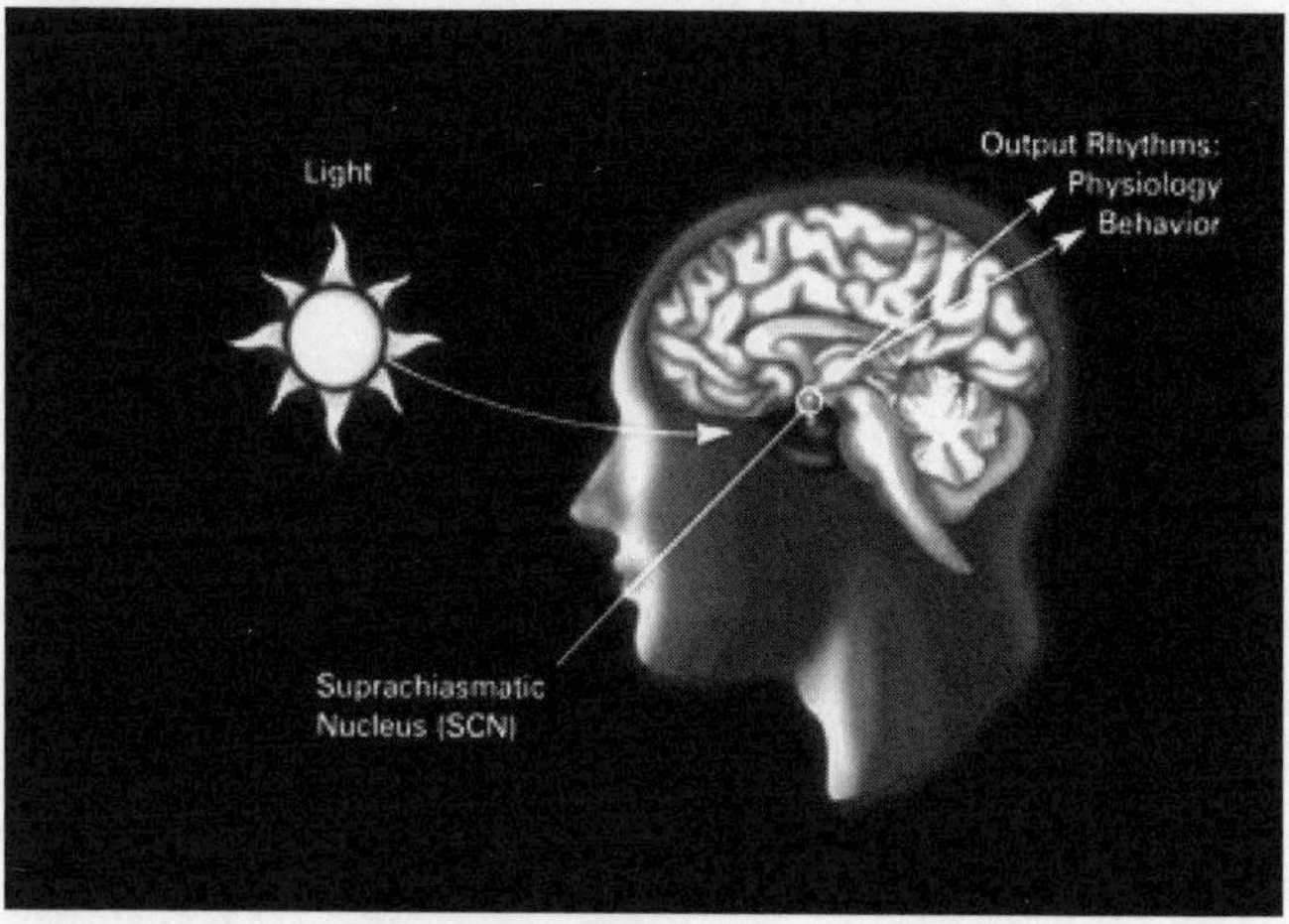

矢印が示す箇所に体内時計がある。洞窟実験によって、ステファニアの体内時計はずれていき、１日の感覚が延びていった。

そして、眠りにつけば太陽の夢や親しい人が訪ねてくる夢をひたすら見た。それほどまでに外の環境に焦がれたのである。

そうした支えにすがりながら、ようやく4カ月は過ぎた。ところが、彼女は実験終了が告げられた時、驚くことにこう答えたのであった。

「どうして？　まだ2カ月でしょう？」

1日の感覚が42時間に延び、カウントする日数が倍にズレていたのである。

ともあれ、久々に地上に出たステファニアは、実験前と比べ11キロも痩せていたが、その表情はとても明るかったという。

実験後に彼女は、「これからは以前より積極的になれる気がする。自分が好きになったし、この世界のこともっと好きになれそうです」と、希望的なコメントを記者たちに残す。しかし、**しばらくは体内時計がなかなか元に戻らず、物事に集中できない状態が続いた**。そして、生理はその後8カ月止まったままで、数カ月間、不整脈も続いたという。

暗黒だと1日は48時間

地球上での1日は24時間であり、その中で多くの人間は「朝起きて昼動き夜寝る」というサイクルを当然のように行っている。これを**「概《がい》日《じつ》リズム（サーカディアン・リズム）」**という。

この概日リズムの鍵となるのが光だ。朝に昇り夕方に沈む太陽の光を浴びて人間は24時間を感じ、そのリズムを保持している。しかしもし、その光が閉ざされるとどうなるのか？

その顕著な例が、ステファニアも味わった**「時間の感覚の喪失」**である。暗闇で刺激もない環境に長期間滞在すると、多くの人は生活リズムが「36時間起きて12時間睡眠する」という48時間周期になることが判明しているのだ。

失われた「アイデンティティ」

さて、長期間の洞窟生活で、心身に様々な変化を体験したステファニアだが、彼女はまだ幸運な方だったかもしれない。というのも、同じような実験をした被験者の中には、もっと深刻な心身の負担を抱えた者も多かったからだ。

1978年にカリフォルニア大学デイヴィス校で行われた隔離実験では、実験後に被験者が自殺。さらに1990年1月には、**1988年に3カ月間の暗闇洞窟生活を成功させた女性冒**

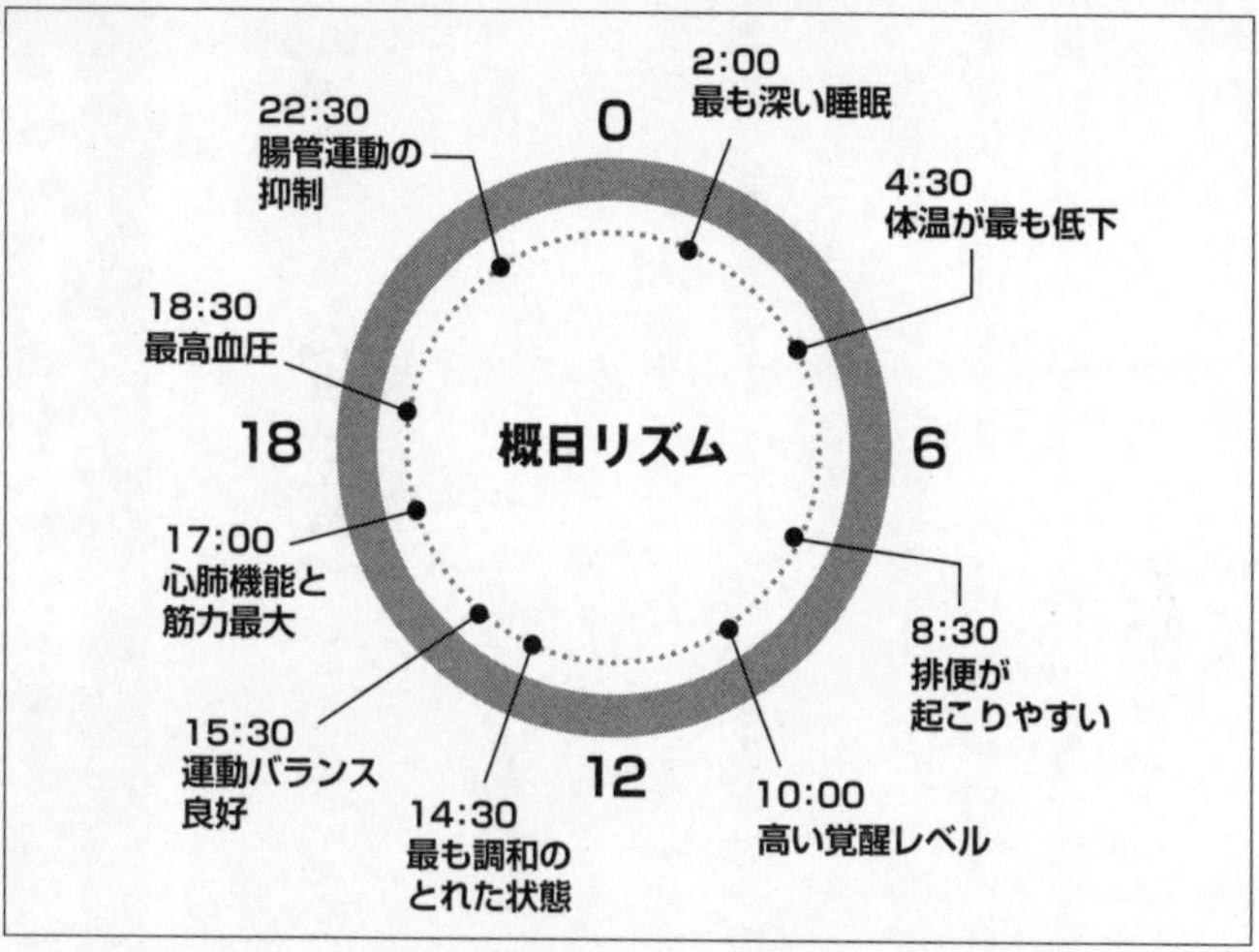

概日リズムの周期。光が閉ざされると周期が乱れることが洞窟実験でわかった。

睡眠薬で自殺

した探険家ヴェロニク・ル・グエンが、

した。関係者は実験から2年も経っているため、ヴェロニクの自殺と実験は関係ないというコメントを出したが、長期間の極限状態で起きた何らかの変化が、その後も彼女を苦しめていた可能性を示唆する専門家もいる。

ヴェロニクの自殺はステファニアの実験が終了してからたった8カ月後の出来事だったため、彼女も大きなショックを受けた。そして、ステファニア自身も記者にこう漏らしている。

「ときどき自分が、もうこの世の中にいないような気がするんです」

ちなみに、ステファニアの実験は、その後研究チームの資金不足などにより、当初の目的であった「宇宙飛行士をテストする隔離実験の設計」には、直接的には活かされずに終わった。

6 感覚遮断実験

【快適な環境でも刺激がなければ人は狂う】

捕虜の心理研究から始まった

1950年代、アメリカでは中央情報局（CIA）を中心に、年間10億ドルもの費用を投入して奇妙な実験を行っていた。それは**「完全に感覚を奪われると、人はどうなるのか」**を調べるという感覚遮断実験だった。

実験のきっかけは朝鮮戦争だった。戦争で捕虜となって洗脳されたアメリカ兵を調べたところ、感覚を遮断するような環境に置かれていたことが明らかになり、その真相を探るべく研究が行われるようになったのである。

また、当時準備段階であったアポロ計画にも実験は役立てられようとしていた。狭くて孤独、しかも変化が乏しい宇宙船で過ごす宇宙飛行士の精神状態を知るのに、感覚遮断は必要な研究だったのである。

この人体実験はマギル大学の心理学科長ドナルド・ヘッブが最初に実行した。1951年、ヘッブは男性の大学院生に20ドルという高賃金でアルバイトを募り、次のような実験を行った。

まず、被験者を60ワットの電球で照らされた半防音式の、ベッド一つほどしか置けない小さな部屋に閉じ込める。目には半透明のゴーグルをかけさせ、エアコンのノイズ以外は聞こえな

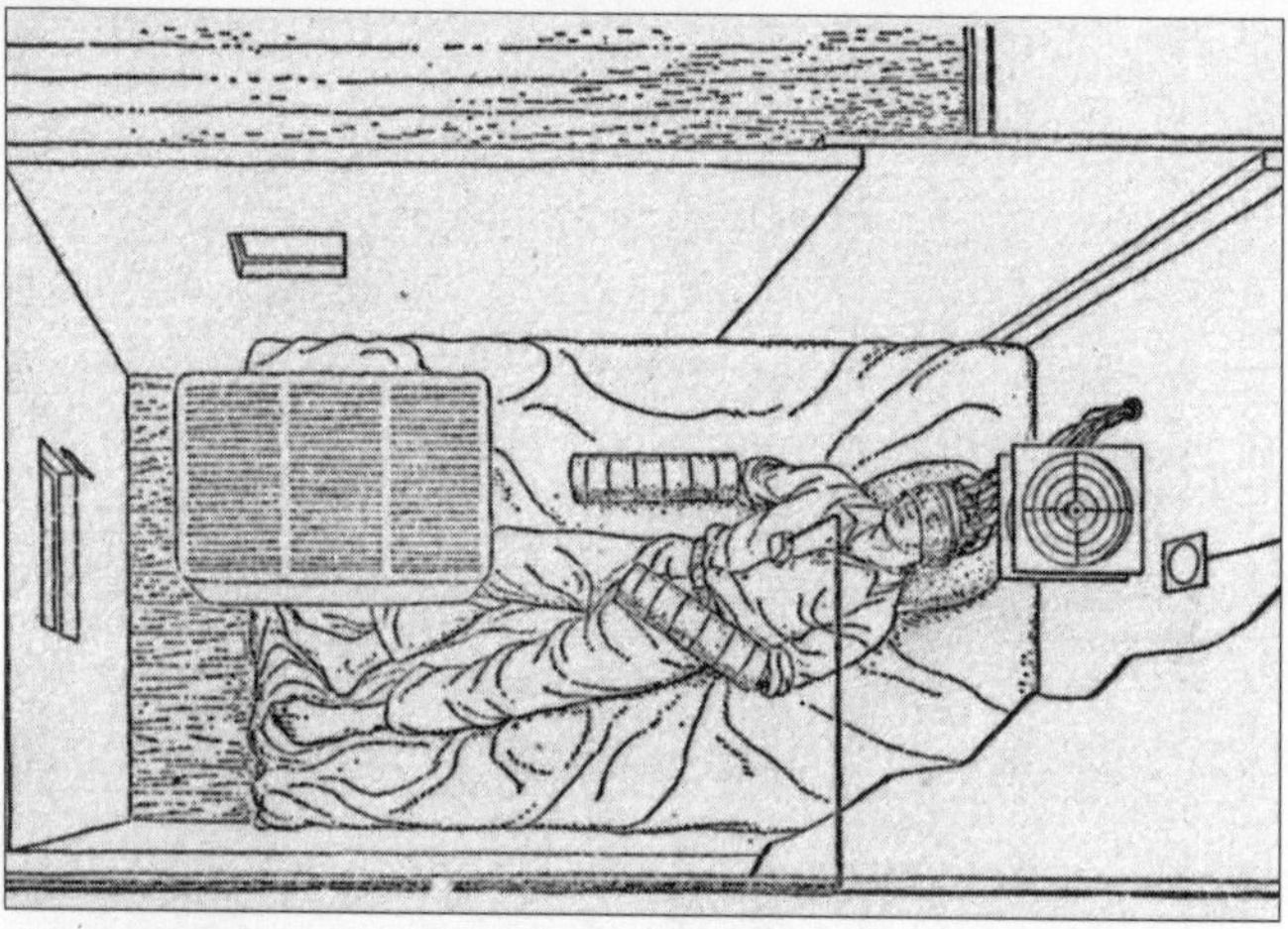
感覚遮断実験の様子（Woodburn Heron,“The Pathology of Boredom”, Scientific American より）

いようにし、腕から指先は大きなボール紙の筒の中で覆う。あとは室内でひたすらベッドに横になり、過ごしてもらう。それだけである。

しかも、食事はきちんと与えられ、トイレも自由に行っていい。洗面所などを使うときは他の人間が付き添ったし、実験室の外にいる実験者ともインターフォンで話せるようになっていた。つまり、**感覚遮断といっても完全な孤独の環境ではなかった**のだ。

にもかかわらず、被験者は衝撃的な変化を見せていく。徐々に独り言が増え、急に歌い出したり、口笛を吹いたりと妙な行動を取りだした。

さらに時間が経ってくると、知能検査で成績が低下。**最終的には全員に、幻聴や幻覚が現われ始めた**のであった。

結局、被験者は耐えられずにリタイアし、６

週間の予定だった観測は2、3日で終了した。

ストレスがゼロになると狂う?

実験の結果は、研究チームの一人であった大学院生ウッドバーン・ヘロンが論文に記し、1957年、アメリカの科学雑誌『サイエンティフィック・アメリカン』に掲載された。

まず、実験で明らかになったのは、**人間に害を及ぼすと思われていたストレスが、心身のバランスを保つのに重要**だということである。

被験者の環境は、感覚が遮断されている以外は快適であった。温度も湿度も調節された部屋は、狭いが決して過ごしにくくはない。しかも、ずっとベッドに横になって眠るという非常に楽な内容で、不快な音も目障りな物も入ってこない。逆にリラックスできそうなものである。

しかし、ほとんどの被験者が思考力や学力の低下を示して幻覚症状に悩み、耐え切れなくなった。ということは、人間の感覚・知覚機能は、実は日常で感じているさまざまな刺激を察知することで、正常に維持されている、もしくは研ぎ澄まされているといえるのである。

不必要と思っている日常の繰り返しが、実は感覚・知覚にとって非常に重要で、自分の価値観の支えとなっている。過度なストレスは体に毒だが、何もしないということも、心身に恐ろしい影響を与えてしまうようだ。

「この実験は拷問である」

しかも、外界からの刺激がなくなって知覚機

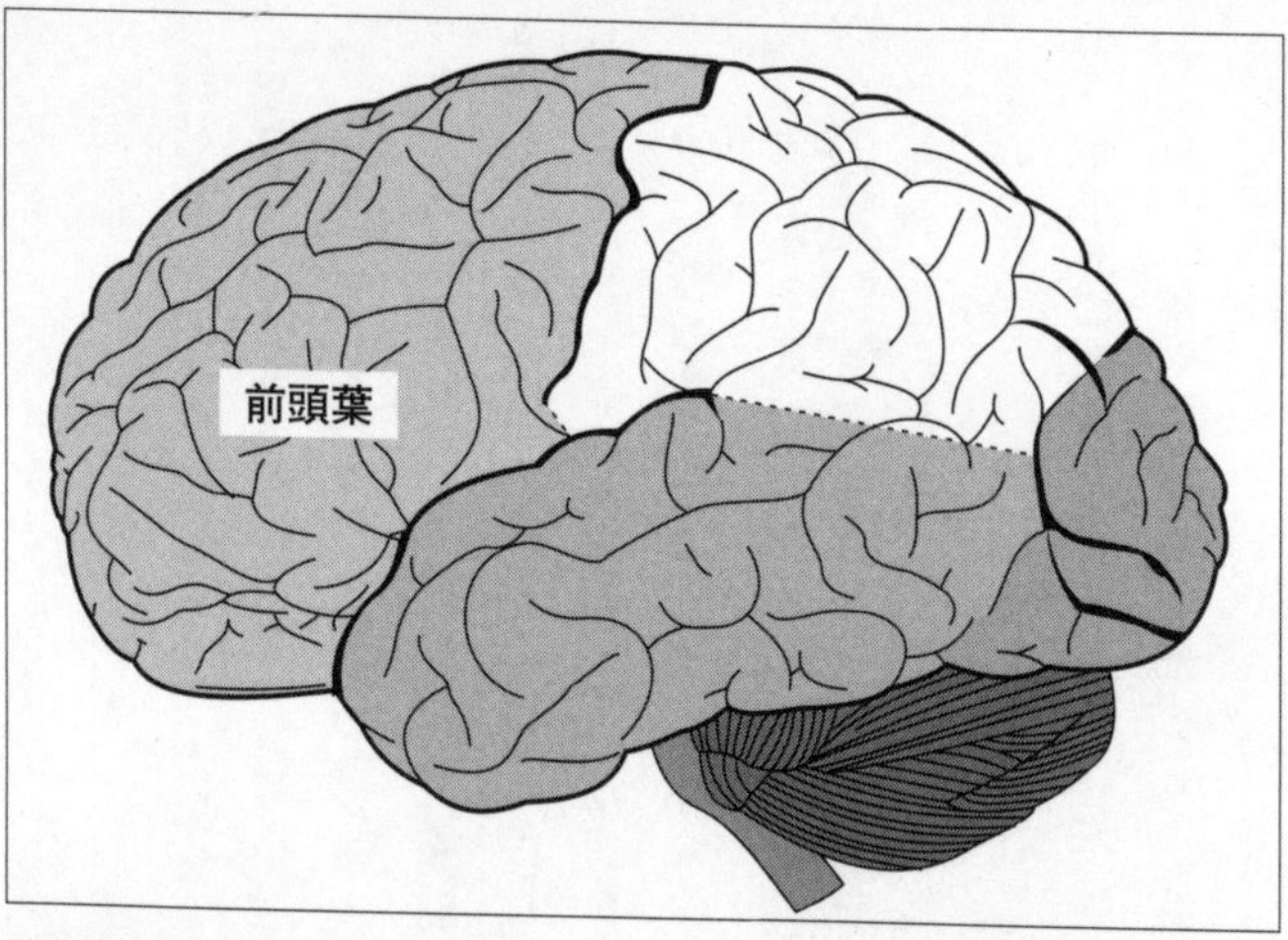

脳は前頭前野でストレスを感じる。ストレスが大きければ心身にダメージを与えるが、ストレスが全くない環境でも、知覚機能がおかしくなってしまう。

能が低下すれば、さらなる問題が生じる。恐ろしいことに、**他人にコントロールされやすくなる**ことも、実験結果は示していたのである。

ヘッブはこの環境下で、別の実験も実施した。普段なら学生たちが反発を覚えるような、オカルト的な内容の録音を聞かせたのである。すると驚くことに、学生たちはそれを容易に受け入れたのだ。

そう、被験者たちは外部からの刺激を渇望するあまり、どんな情報でも受容するようになっていた。なかには実験終了から何週間も、考え方が非現実な傾向のまま戻らなくなってしまった者もいたという。

薬も催眠術も使わない2日程度の感覚遮断だけで、今まで彼らが培ってきた情報や経験が簡単に消去されていく。しかも、脳に入ってきた新たな情報は、やすやすと刷り込まれる。

人間のアイデンティティそのものが崩壊する実験結果に、ヘッブは驚愕した。人間を、たった48時間程度で重度の精神疾患と似た状態に追いやることができると分かったからだ。

さらに、数人の被験者から**「実験は拷問だった」**と感想を述べられたヘッブは、強い危機感を覚える。この実験が医療倫理に反する領域、つまり、洗脳技術になると気づいたからである。

洗脳に利用された感覚遮断

幸いにも、ヘッブは良心と常識を持っていた。軍事的に利用しようなどとは思っていなかったし、最初から悪用するつもりもなかったと答えている。

ところが、非常に問題のある医師がヘッブの実験に目をつけてしまった。それが心理学者である**ユーイン・キャメロン**である。ヘッブの同僚であるキャメロンは、この実験により**「悪魔の医師」**としてその名を黒い歴史に刻むことになる。

キャメロンがＣＩＡから研究資金を受け取ったのは、ヘッブの実験から6年後の１９５７年。彼はこの資金を投入し、マギル大学付属アラン記念病院の一部を改造して特別施設を設け、自分の患者を隔離した。そして、ヘッブの実験に幻覚剤「ＬＳＤ」や電気ショックを組み込んでバージョンアップさせた感覚遮断実験を、無断で行ったのである。

キャメロンは患者に投薬して暗示がかかりやすい状態にし、その上で新しい人格を植え付けた。彼はこれを「正しい治療」とアピールした

アメリカヴァージニア州にある CIA 本部。ヘッブは感覚実験の恐ろしさに気づいて悪用することはなかったが、同僚のキャメロンは軍事利用を目論む CIA から研究資金を受け取って危険な感覚遮断実験を続けた。

が、実際には実験はことごとく失敗し、一生人間らしさを取り戻せなくなる患者も多かった。

それでも、**CIAはこの危険な実験のために1962年まで研究資金を提供**した。本当の目的は定かではないが、軍の拷問プログラムに取り入れられたという説もまことしやかに囁かれている。ちなみに、キャメロンは1967年、山登り中に心臓発作を起こし、死亡している。

一方、この感覚遮断実験について、ヘッブは1985年に行われた人生最後のインタビューで、こう答えている。

「これ（感覚遮断実験）がじつに恐るべき尋問技術であることは明らかだった。キャメロンは無責任で犯罪的なまでに愚かだった」

現在、非人道的な結果を招いた感覚遮断実験は、全面的に禁止されている。

7 スタンフォード監獄実験

【権力は人をどこまで変えるのか？】

刑務所を再現した実験

絶対的な権力は、人をどこまで変えるのだろうか？　そんな人間の本質に迫る疑問に答えてくれる実験が、アメリカで行われた。

1971年夏のスタンフォード大学で、心理学者のフィリップ・ジンバルドーは刑務所を題材にした実験を企画した。まず、刑務所に見立てた地下実験施設に被験者を置き、彼らを囚人役と看守役に分ける。そうした環境下で**擬似刑務所生活をさせて、彼らの心身に及ぶ影響を調べようとした**のである。

実験のために70人の生徒が募集広告で集められ、そこから各種審査を経て21人が被験者に選ばれた。その中から11人が看守役、10人が囚人役に分かれて、実験期間の半月を地下の模擬刑務所で過ごすことになったのである。

もし実験が想定の範囲内で順調に進んでいれば、大掛かりな「刑務所ごっこ」で終わっていたかもしれない。ところが、彼の予想は大きく外れ、実験は陰惨な結末を迎えることになったのである。

過激化していく看守役

監獄実験の舞台となったスタンフォード大学

被験者たちの没入感を高めるために、**実験はリアリティを重視**した。まず、大学内の警察活動を専門とする構内警察に協力を依頼して、本物のパトカーと警官を使って囚人役を実際に逮捕した。

逮捕後は模擬刑務所へ収監されるのだが、その際にも囚人役は指紋をとられ、服を脱がされた上でシラミ駆除剤を頭から振りかけられた。没収された衣服は実験終了時まで返却されず、代わりに女性用スモックの着衣を義務付けられたのである。

これらは全て、より客観的な実験になるようリアリティを持たせて、囚人役に本物の刑務所と同等以上の屈辱と無力感を与えるための処置だった。

一方、看守役にも役になりきるための備品として、軍の放出品を販売する店で用意した軍服風の衣装、サングラス、ゴム製警棒が与えられていた。

こうして囚人役と看守役の立場をはっきりさせた上で1日目はスタートしたが、囚人役の暴力行為が禁止されていたこともあり、実験初日は問題なく進んだ。

しかし、順調に進んだのはこの1日だけだった。2日目に待遇改善を求めて囚人役が立てこもり事件を起こすと、看守役の態度が明らかに変わった。首謀者は独房入りとなり、**看守役は理不尽な罰を繰り返すようになった**のである。

禁止されたはずの暴力はもちろん、独房から別の独房へ荷物を移動させてから元に戻させたり、茨に放り込んだ毛布から刺を全て抜かせる罰も与えたという。

時には素手でトイレ掃除までさせられ、仲間同士で喧嘩を強要されることもあった。理解不能な規則も次々と作られ、それに違反しようものなら、囚人仲間の前でバケツへの排便を命令されたのだから恐ろしい。

さらに恐ろしいのは、そうした罰を受け続けた囚人役が極めて従順となり、面会に来た家族や友人にすら実験の異常性を訴えることがなかったことだ。**看守役だけでなく、囚人役までもが環境に心を支配されていた**のである。

短期間で終了

とはいえ、施設内には経過観察用の監視カメラがいたる所に設置されていたので、看守役の虐待行為は早い段階でフィリップの知るところ

実験を企画した心理学者フィリップ・ジンバルドー教授。教授の予想に反して、実験は暴力事件に発展。心理学を修めた教授ですら、雰囲気に呑まれて実験を中止しようとしなかった。(©Copyright Images are generated by Jdec and licensed for reuse under this Creative Commons Licence)

となった。暴力沙汰になった以上、実験は中止となるのが普通だろう。

しかし、驚くべきことに**フィリップはそのまま実験を継続した**。それどころか、囚人役が集団脱走を企てているという噂を聞くと、近所の警察に駆け込み本物の刑務所への移送を嘆願していたのである。もちろん警察は拒否したが、その際にフィリップは「刑務所同士の連携が取れないのか！」と怒鳴り散らして警官たちを呆れさせていた。

また、虐待が外部に漏れることを恐れて、面会日の前には傷を隠す化粧をさせるよう看守役に命令していた。暴走を止めるはずのフィリップですら実験の狂気に呑まれてしまい、「刑務所所長」になりきったことで自制心が崩壊していたのだ。わずか3日目の出来事である。

狂気にまみれたこの実験は、フィリップに協力を依頼された牧師が施設の異常に気づいたことで歯止めがかかった。5日目には牧師と保護者が派遣した弁護士が実験中止を願い出たし、さらにフィリップの恋人であるクリスティナ・マスラークが説得したことで、ようやく彼は正気を取り戻した。こうして、**監獄実験はわずか6日で終了することになった。**

これが、ドイツ映画『es』の題材にもなった「スタンフォード監獄実験」の顛末《てんまつ》である。

なお、囚人役たちは激しい虐待に晒されたにもかかわらず、一人として深刻な障害を負った者はいなかった。精神の面ではフィリップ自らがその後10年かけて追跡調査を行ったが、誰一人として重いトラウマは確認されなかったとされている。

イラクで繰り返された悲劇

看守役を含めた被験者たちは、全員が心理学者から精神の安定性を認められた学生ばかりだった。にもかかわらず、看守役の暴力性が増していったのはなぜか？　その理由は、「刑務所」という閉鎖空間が現実と実験の境界を曖昧にしてしまい、状況に適応するため与えられた役割通りに振る舞いすぎたせいだと言われている。それは所長として刑務所全体を管理していたフィリップも変わらない。

一連の実験が示しているのは、人間は想像以上に周りの環境に影響されやすく、外部との接触が断たれた空間となれば、容易く**「役割」に心が支配される**ということだ。それが支配者の

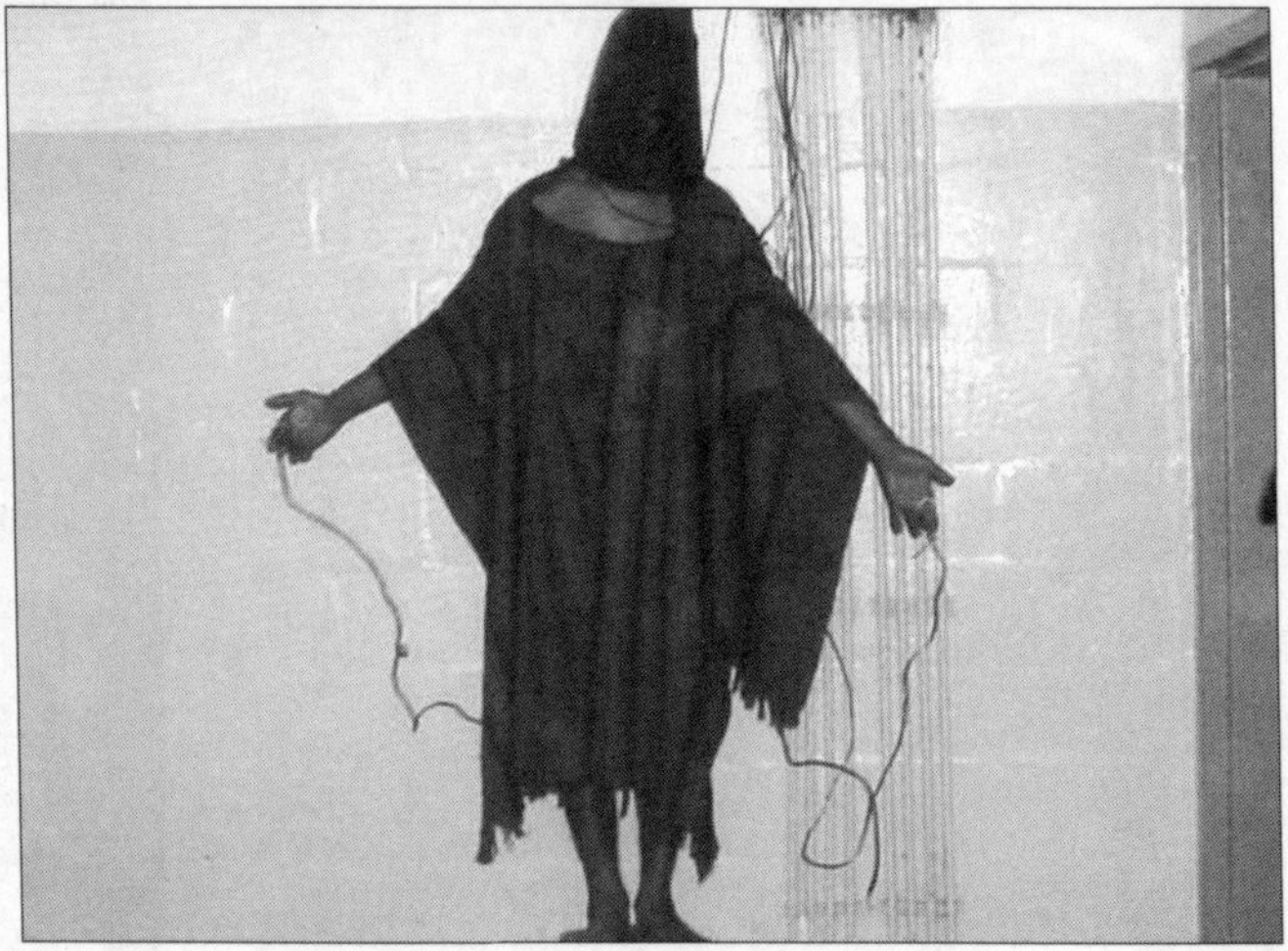

捕虜虐待事件が起きたアブグレイブ刑務所

役割であれば、理性など優に飛び越え抑圧と残虐行為をエスカレートさせていく。

そしてこの実験結果を裏付けるように、２００４年にイラクでアメリカ兵による捕虜虐待事件が起きた。いわゆる**「アブグレイブ刑務所虐待事件」**では、イラク人捕虜を裸にして組み体操のように体を重ねさせたり、紐でつないだまま四つんばいにさせている写真などが流出して国際的な批判を招いた。

事件の原因は、看守経験のない兵に細かな命令を与えず刑務所を管理させたことにあったという。まさに、ただ役割だけを与えられたスタンフォードの実験と似た状況だった。

立場が変われば人は変わる。それは確かに真実であり、状況と立場次第では恐ろしい暴力者になることさえありうるのだ。

8 絶望の淵実験

【〝愛とはなにか〟にとりつかれた科学者の狂気】

母の愛が「害悪」だった時代

母親は赤ん坊にどう接するのが好ましいのか。その答えは時代や地域の価値観に左右される。1950年代のヨーロッパの場合、「親は子どもとできるだけ接触しないこと」が理想とされていた。

背景には感染症への警戒感がある。当時のヨーロッパでは、コレラやジフテリア、腸チフスが蔓延し、免疫力のない子どもの死亡率が高かった。抗生物質やワクチンもない中で、医者は「清潔」が何より重要だと主張。大人が抱きしめたりキスしたりするのを避け、子どもを隔離して育てることが奨励された。

さらに、当時影響力を持っていた精神分析家たちの間では、母子の関係性で重要なのは愛情ではなく「乳房＝授乳」、つまり栄養の欲求を満たすことだという意見が主流だった。

特に行動主義心理学者のジョン・ワトソンは「親が子供を抱きしめ、愛撫することは、その子を軟弱にする」と母親の愛情の危険性を警告。「愛という害悪の撲滅運動」を喧伝した。

しかし、ある一人の心理学者の取組みが、この流れを変える。**ハリー・ハーロウの「愛着実験」**である。

愛着実験を行ったハリー・ハーロウと実験対象のサル（©Copyright Images are generated by Achen1997 and licensed for reuse under this Creative Commons Licence)

「布の母」に依存するサル

ハーロウは、教授を務めていたウィスコンシン大学で、「代理母」の実験に着手する。

まずは生まれたばかりのアカゲザルを、小さなゲージに入れて隔離する。そこに2体の条件の違う代理母を作って設置し、どちらにサルが懐くかを観察するという内容だ。

一つは角材をスポンジゴムで包んだ芯に布を巻き、笑顔が描かれた顔をつけた「布の母」。もう一つは針金製のもので、しかめ面の顔がついている「針金の母」。両方とも動物の体温ほどに温められているが、「針金の母」には哺乳びんを取り付けてあり、ミルクを飲むことができた。

もし、通説通り母親は栄養を与えるだけでよければ、赤ちゃんザルは針金の母に懐くはずである。ところが子ザルは空腹時だけ針金の母からミルクを飲み、それ以外の時間は、ずっと布製代理母のやわらかな体に抱きついていた。大きなおもちゃを突然入れて脅かすと、布の母に飛びついて顔をうずめるなど、子ザルが布の母を慕っているのは明白だった。

一方、針金の母しか置かれていないゲージで育った子ザルは、最初こそミルクを与えてくれる針金の母と接していたが、そのうち壁の方を向いて頭をうなだれ、動かなくなった。ハーロウはこの結果から「接触による安らぎ」、つまり、**母親が食事を与えるだけでなく、温かさ、接触を与えることが重要だと証明した**のである。

しかし、この実験は悲劇的な結果を招いた。

ニューヨークの新聞社がハーロウの研究所を取材で訪れたところ、そこは地獄となっていた。**実験台となった100匹のサルは、その全てが異常な表情を浮かべていた。**中でも針金の母に育てられたサルは、凄まじい勢いで体を揺さぶり、自ら腕や指を強く噛み血まみれになっている。そして布の母で育てられたサルも、やはり不健康に育ち、無関心・無気力にゲージの隅にぼんやりと座っているだけだった。

ハーロウはこの結果を見て、さらに踏み込んだ考えにいたった。子ザルは布の母に抱きつくことができたが、それだけではだめなのだ。なぜなら、子ザルは抱きしめられることがなかったし、乱暴をしても怒られることがなかった。つまり、絶対的に受け身の親からは、生きていく大切なことが何も学べないのだ。

実験のためハーロウが生み出した「モンスターマザー」（画像引用：YouTube「Harlow's Studies on Dependency in Monkeys」https://www.youtube.com/watch?v=OrNBEhzjg8I）

針金の母・布製の母がしてくれなかったあらゆるアクションが、子どもの成長に大事なのではないか。そう考えたハーローウらは、さらなる悲劇的な実験へと着手するのである。

モンスターマザーの顛末

ハーロウは次の実験で4体の布の母に仕掛けを仕込んだ「モンスターマザー」を製作した。

一つ目は激しく振動する仕掛け、二つ目は空気が噴射される仕掛け、三つ目は一定時間になるとスチール板が作動し、母親から子ザルを跳ね飛ばす仕掛けで、最後の四つ目は**胸に真鍮の棘がついていて、抱きつくと子ザルを傷つける**仕掛けが仕込まれた。

この恐るべき親に、子ザルはどう反応するのか。そこには意外な結果が待っていた。

子ザルは何度投げ飛ばされても痛い目に遭っても、すぐに戻り親にギュッと抱きつき、かまってもらおうと甘い声を出したのである。

子は親を選ばない。何をされてもそこが安らぎと信じるのだ。子ザルは神経質になったものの、異常はきたさなかった。ただし、社交性には欠けていた。母親にかまってもらうことに必死で、他のサルに気を向ける余裕はなく、集団では孤立してしまったのである。

そしてハーロウと研究スタッフは実験をさらにエスカレートさせ、本物のモンスターマザーを作ってしまった。

なんと、孤立した状態で育って不全状態だったメスザル数匹を器具で固定し、無理やり受胎させたのだ。ハーロウはこの器具を「レイプラック」と名付け、スタッフを唖然とさせた。

強制妊娠による出産の結果は、見るに堪えなかった。自分が産んだ子どもを踏みつけたり、徹底的に無視し餓死させたり、中には頭を口の中に入れて噛み潰した母親サルもいたという。

精神を破壊する「絶望の淵」

ハーロウの執拗で残酷過ぎる実験はさらに続いた。次の実験は完全に孤独な環境に置き、愛を喪失させるという**「絶望の淵」実験**である。

自身が重い抑うつを患っていたハーロウは、それをヒントに「V字型装置」、別名「絶望の淵」という器具を設計。ピラミッドをひっくり返したような形で、開口部は網で覆われていた。

ここに入れられたサルは、逃げようと斜面を

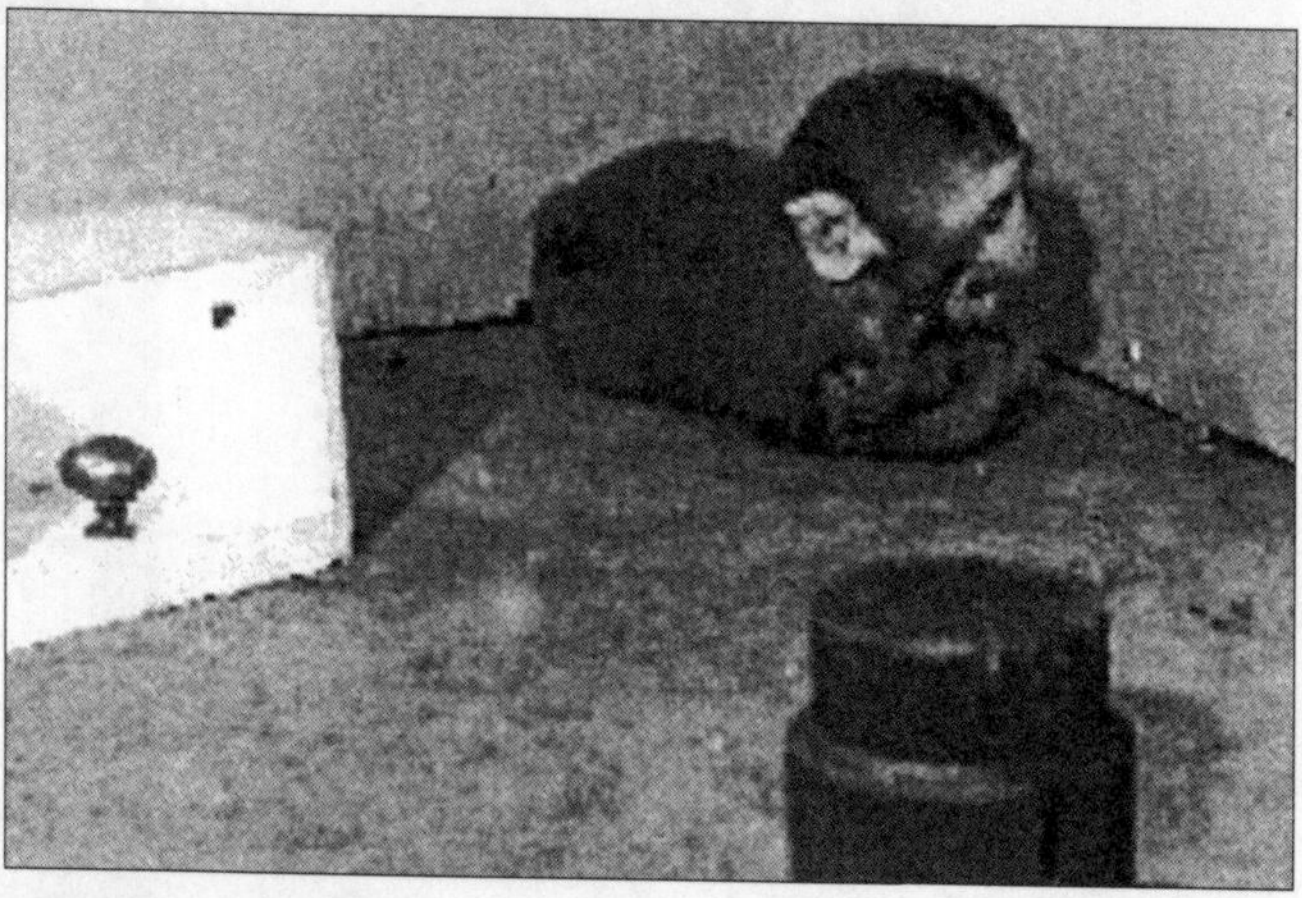

母親から引き離された子ザル。ハーロウは、怯える子ザルを対象に精神を追い詰める実験を繰り返したが、自身が重度のうつ病に悩まされていたことも実験に影響を与えたのかもしれない。（画像引用：『愛を科学で測った男』）

よじ登るが、一瞬だけ外が見え、そのままズルズルと滑り落ちて結局逃げられなかった。

実験の結果、**3、4日ですべてのサルが異常をきたした**。それまでは社交的だったサルも、元の環境に戻っても仲間と交流することが難しくなった。1年隔離されたサルはただぼんやりとそこにいるだけで、もはや「生きている」とさえ呼べる状態ではなかったという。

愛情やつながりを調べるためとはいえ、あまりにも酷いハーロウの実験は、動物擁護運動を生み出すきっかけとなった。

そしてハーロウ自身は、離婚と再婚を繰り返し、アルコールと煙草に溺れ、電気ショック療法を試すほどのうつ病に悩まされ続けた。実は彼自身が、誰よりも孤独に置かれる怖さを知り、怯えていたのかもしれない。

9 差別実験

【差別の痛みを伝えようとした小学校教員の試み】

今日からあなたはダメな子です

もし現在の日本で学校の教師が、身体の特徴などを引き合いに出し「○○な生徒はバカとみなします」と差別発言すれば、大問題になるだろう。

だが、アメリカ・アイオワ州にある小学校の3年生の教室では1968年に、**あえて差別意識を助長する実験授業が行われていた**。その授業を発案したのは、当時35歳の女性教員ジェーン・エリオット。「差別の助長」と聞けば、白人至上主義者を連想するかもしれないが、エリオットはむしろ**人種間の差別を解消したい**と願っている教師であった。

50年代から60年代のアメリカでは有色人種への差別が根強く、例えばバスや喫茶店でも「白人専用座席」が存在する場所もあり、そこに着席した黒人が逮捕されるような事件や、黒人生徒の公立高校入学を知事が拒否するといった事態が発生していた。そのためマーティン・ルーサー・キング牧師らが中心となり、人種差別の撤廃を求める「公民権運動」が巻き起こることになった。

やがて彼らの運動は実を結び1964年7月には、リンドン・ジョンソン大統領によって人

公民権法に署名するジョンソン大統領。その後ろにキング牧師。公な場での差別は撤廃されたが、白人による差別感情を払うのは簡単なことではなかった。

種や出身国による差別を禁止する「公民権法」が成立。だが、人々の心に巣食う差別感情が一掃されたとはとても言えない状況であった。

実際、エリオットが白人の生徒に「黒人をどう思う?」と尋ねたところ、何の躊躇もなく「バカな人たち」と答えているのだ。だが、小学校のあるライスビルという町は当時人口900人程度で、黒人が一人もいない環境であった。にもかかわらず、有色人種に嫌悪感を抱いていたのは、黒人を侮蔑する周囲の大人の会話を聞いていたために他ならない。

そこでエリオットは、**差別解消のためには、まず被差別者である黒人の気持ちを理解させる必要がある**と考えた。そして実験授業の当日、エリオットは壇上で切り出した。「今日から、青い目の生徒はダメな子です」と。

変貌した生徒たち

当時のアメリカ社会の少なからぬ人が、肌の色で人の優劣を付けていたように、エリオットは目の色で生徒を差別することにした。青色の目の児童を「劣った人間」とし、一方、茶色い目の生徒を「優れた人間」に見立て、そのことを教室内に周知させたのだ。さらに彼女は、差別意識をより浸透させるために、青い目の子どもにスカーフを着用させた。それは、ナチスが劣等民族とみなしたユダヤ人に、六芒星の目印を付けることを義務付けた行為にも似ている。

そして授業になると、彼女は青い目の生徒が問題を間違えた場合には、「ほらね、青い目の子はバカなのよ」と差別発言を繰り返した。給食の順でも茶色い目の生徒を優先し、青い目の生徒にはおかわりを禁じるなど、待遇にも差を付けるという徹底ぶりであった。

当然、青い目の生徒は理不尽な扱いに打ちひしがれたが、特筆すべきは「特権階級」となった茶色い目の生徒の反応であった。**「差別宣告」から わずか数分後には、昨日まで仲良くしていた青い目の生徒に対し、憎悪の眼差しを投げかけ、罵倒するようになった**のだ。その変貌の早さは、エリオットもぞっとするほどだったという。また、エリオット自身が教壇でミスを犯した時、茶色い目の生徒からこう声がかかった。

「ほら、先生は青い目だからドジをするんだ」

能力にも影響を及ぼした差別

差別実験の様子。テレビ局によってドキュメンタリー番組が制作され、その内容に視聴者は衝撃を受けた。（画像引用：YouTube「The Event: How Racist Are You? with Jane Elliott (Channel 4) (FULL)」https://www.youtube.com/watch?v=6MYHBrJIIFU）

実験２日目、彼女は生徒の立場を入れ替えた。これは差別の「公平性」を期すための措置であったが、褒め称えられていた昨日とは一転、茶色い目の生徒は事あるごとに叱責される羽目になった。中には、パニックになり泣き出す児童もいたという。

実験後、双方の生徒に被差別者となった日の感想を尋ねると、彼らは**「牢屋に入った気分」「鎖に繋がれたような気持ち」**といった心境を吐露した。

彼女の当初の狙いどおり、生徒たちに差別される人間の痛みを身をもって知ってもらうことができたため、彼女の目的は達成できたと言える。だが彼女の目的とは別に、予想外の結果を得ることもできた。

この実験の２日間とその前後、計４回でエリオットは小テストを実施したのだが、生徒の点数が最も高くなっていたのは、「優等組」に入っていた時で、逆に「劣等組」であった場合には、最低の点数を記録していたのだ。また点数だけでなく、解答までの所要時間も劣等組の時は優等組の時より時間がかかり、中には簡単なアルファベットの文字さえ書けなくなった生徒もいたという。

生徒の自画像を描かせたときにも、実験の影響は現れていた。優れた人間となった日の彼らの絵は、生き生きとした笑みを浮かべ、衣服の細部まで書かれていたのに対し、劣った人間の烙印を押された日の自画像は、不機嫌そうな顔で、髪さえ描かれなかったものもあったという。つまり差別は、**生徒たちの感情だけでなく、学習能力や「自分を見る目」にまで強い影響を及ぼしている**ということであった。

差別実験から得たもの

この実験は1度だけでなく翌年にも行われ、その際にはテレビ局が、エリオットの授業をドキュメンタリー番組として放送した。そして、差別授業の光景を見た視聴者からは、彼女の実験を画期的と評する意見がある一方、「黒人と白人が平等と教えるなどもってのほか」といった反発も少なくなく、実際エリオットの子どもたちも「母親が黒人びいき」と罵られ学校で唾を吐かれたり、暴行を受けたりするほどであったという。このことからも、当時いかに人種差別意識が蔓延していたかが窺える。

ところでエリオットは実験後、生徒たちに一

立って周りに話しかけている白髪の女性がエリオット。彼女は差別の実態を広く知ってもらおうと差別実験を各所で実践。人間の多様性を認めるよう訴えかけた。（画像引用：YouTube「The Event: How Racist Are You? with Jane Elliott (Channel 4) (FULL)」 https://www.youtube.com/watch?v=6MYHBrJIIFU）

つ意地悪な質問をしている。それは「なぜ目の色の違いによる優劣を信じたか？」というものだ。それに対し生徒は当然ながら「先生が言ったから」と口を揃えている。だが、この答えを「子どもだから判断力がなかった」と笑うことはできない。アドルフ・ヒトラーによるユダヤ人迫害を持ち出すまでもなく、権力者の一言で大衆が他人種の差別や迫害を行った例は枚挙にいとまがない。

実験の行われた教室で差別的な態度を受けて委縮する生徒や、人を見下す態度を示した生徒たちの反応は、人種差別がはびこる社会の縮図であった。エリオットの行った授業は、差別される辛さを理解すると同時に**「人はどれほど簡単に他人を差別してしまうか」**を教えてくれる実験でもあったのである。

10 ネグレクト実験

【人は無関心に耐えられるのか】

静かな児童虐待

幼いわが子に暴力を振るったり、暴言を吐いたりするだけが虐待ではない。外から判明しにくい虐待もまた存在する。その一つが**「ネグレクト」**だ。

「育児放棄」という訳語からもわかるように、ネグレクトとは親が育児に関する行為を拒否する虐待である。主に育児ストレスや親の性格の問題で子どもに関心が持てなくなることが原因とされ、食事を満足に与えない、病気に罹《かか》っても治療を受けさせないという状況もネグレクトに含まれる。

このような虐待が子どもの餓死・病死につながると、周囲が違和感を抱いて事件が発覚することがある。しかし、食事を与えたり身の回りの世話はするものの、子どもの言動だけに無関心となる「情緒ネグレクト」の場合だと、周囲が気づくのは難しい。

そして、仮に両親が子どもの世話をしていたとしても、無関心な態度をとったり愛情を示さなかったりすると、子どもは甚大な悪影響を受けることが、すでに確認されている。しかも、それを証明する実験が、中世ヨーロッパですでに行われていたのだ。

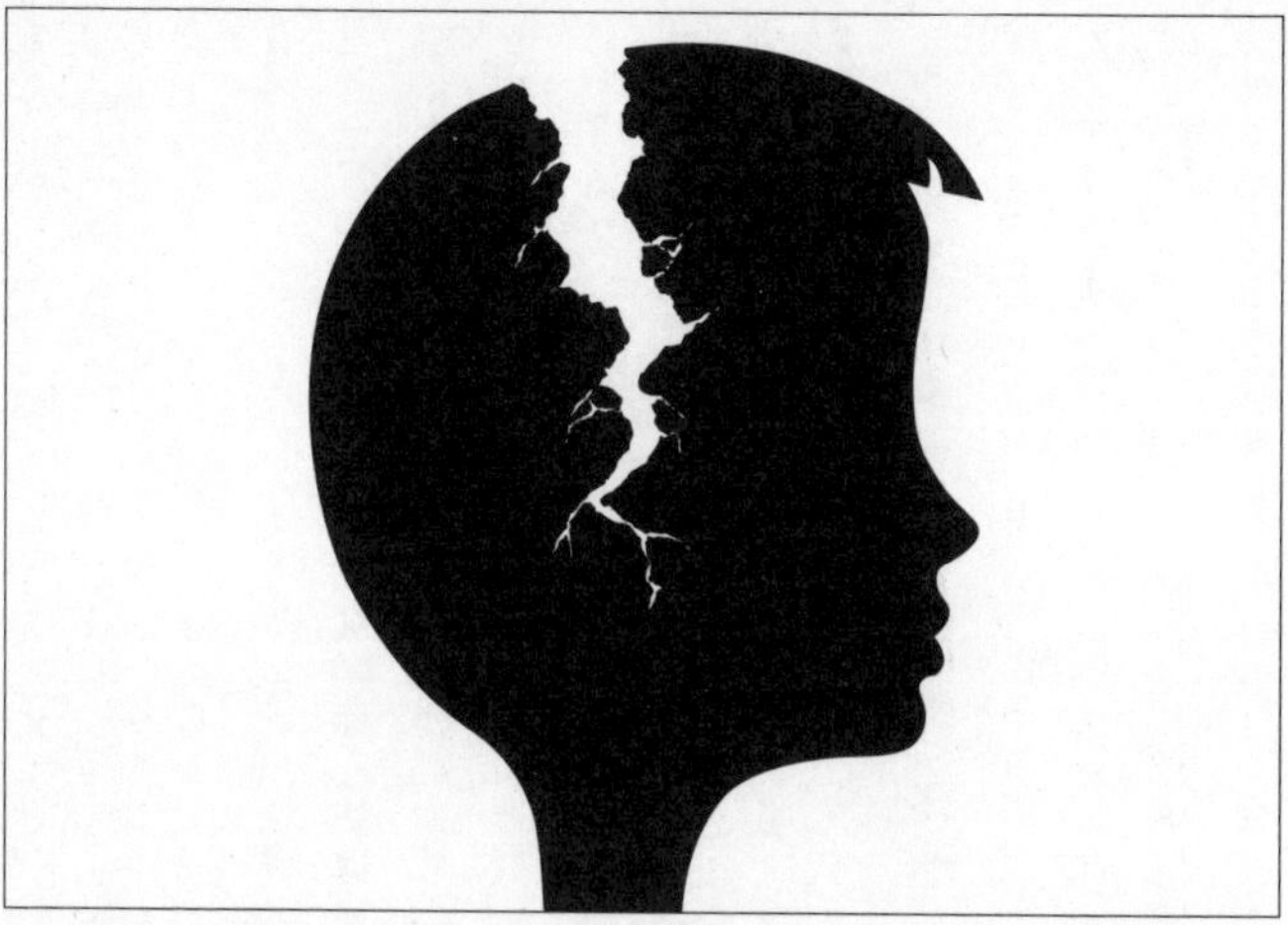

両親から愛情を示されず無視された場合、子どもの心はどうなるのだろうか。
(basel101658/Shutterstock)

名君による赤ん坊実験

最古のネグレクト実験は、12世紀の神聖ローマ帝国を統治した**フリードリヒ2世**の命令で行われた。

ずいぶん乱暴な実験だが、フリードリヒ2世は決して暗君ではなかった。むしろ、経済政策や文化保護に功績を残し、十字軍遠征で戦ったイスラム教国の君主からも、一目置かれた名君だった。

しかし、有能である一方、一度抱いた疑問は解決しないと気がすまない性格で、周囲にしつこく質問して困らせることもあったという。

それだけ好奇心旺盛で勉強熱心だったとも言えるフリードリヒ2世だが、問題は疑問解決のため人体実験すら厭《いと》わなかったところにある。

では、なぜネグレクト実験が行われることになったのか? それは、フリードリヒ2世が幼少の頃から抱いていたある疑問を解決するためだった。それが、**教育されない赤ん坊は何語を話すようになるのか**、という疑問だ。彼の故郷であるイタリア・シチリア島北西部のパレルモは、多言語が飛び交う国際都市だった。言語に溢れた環境で育ったことで、逆に何の言葉もない環境で育つと、赤ん坊はどうなるかと考えるようになったという。

皇帝に就任すると、フリードリヒ2世は早速家臣に命じて、帝国中から赤ん坊を集めさせた。万一の事態があってもいいよう、赤ん坊は全て孤児だったという。そして養育係には、二つのルールを徹底させた。一つは「常に無表情で接すること」、もう一つが「赤ん坊に声をかけてはいけない」である。

こうしたルールの下に実験は実施されたが、その結果はあまりにも予想外だった。**赤ん坊は、言葉を話す前に全員が死亡した**のである。虐待死の可能性を疑うところだが、赤ん坊はきちんと世話をされていたため、死亡する要素はないはずだった。この結果を受けてフリードリヒ2世は中止を決め、その後、帝国で同様の実験が行われることはなかった。

なお、子どもに無表情で接する実験は紀元前のエジプトでも行われたというが、時代が古すぎるうえに記録への信憑性も薄い。信頼できる記録の中で考えれば、フリードリヒ2世の無表情実験が世界最古のものだと考えて間違いないだろう。

画面中央の王冠を被って手を差し出しているのが最古のネグレクト実験を実施したといわれるフリードリヒ２世。実験対象として国内の赤ん坊が集められた。

ただ、フリードリヒ2世の実験では赤ん坊が死んだ理由は、長年謎のままだった。しかし近年では、**過度のストレスを受けたことで病気が発症した**との考えが定着しつつある。というのも、中世と同様の無表情実験が、21世紀のアメリカで再び実施され、親と子どものコミュニケーションに関して新たな側面がわかってきたのである。

無関心が与えるストレス

2007年、マサチューセッツ州立大学ボストン校のエドワード・トロニック博士が、親の無関心が子どもに与える影響を研究するべく、母親たちの協力を得て実験を開始した。

実験は、中世と同じく赤ん坊へ無表情で接してもらい、その反応を見る方法が採られた。すると、赤ん坊は無表情になった親に手足を振って興味を惹こうとし、それでも反応がないと、やがて不機嫌な顔つきになった。そして3分も経たないうちに全員が泣き出したのである。

この他にも、「悲しげな顔をしながら重たい声で話しかける実験」と「わざと視線を合わせず接する実験」を行ったが、結果は同じだった。どの実験でも、普段と違う親の様子に赤ん坊は笑顔をなくし、構ってもらおうと様々な行動をした後に泣き喚いた。

もちろん、死者が出るまで続けられることはなく、体に悪影響が出た赤ん坊は一人もいなかった。赤ん坊には可哀想だったかもしれないが、アメリカの実験によって、**親とのコミュニケーション不足が、子どもへ多大なストレスを与えることが判明した**のは、大きな収穫だっただろう。

ネグレクトの悪影響

赤ん坊は大人が考えるほど鈍感ではない。生後4カ月ほどになると、早くも人の表情から感情を読み取れるようになるが、言葉はまだ理解できないので、相手の情報は表情と声色からしか読み取れない。

そんな状態の赤ん坊に、最も信頼されているはずの母親が無感情で接したらどうなるか？ 相手が自分に何を思っているのか、何をしたいかがまるでわからなくなる。

精神が未発達な赤ん坊が親からの無視に耐えられるはずもなく、すぐに癇癪《かんしゃく》を起こしたり、

エドワード・トロニック博士による無表情実験の様子。無表情の母親の気を惹こうと赤ん坊は手を振っている。（画像引用：YouTube「Still Face Experiment: Dr. Edward Tronick」https://www.youtube.com/watch?v=apzXGEbZht0）

時にはあまりのストレスで病気になることも考えられるだろう。

こうしたネグレクトの影響は赤ん坊に限ったことではない。**幼少期に親から愛情が注がれずに心身が不安定になるケースは少なくない**し、親に注目されたいという一心で、意識的にしろ無意識的にしろ問題行動を繰り返し、人格が捻じ曲がることもあるだろう。そうした事実の一部分が、数百年前の中世に判明していたとは驚きである。

子育てに決まったルールはないと言われるが、それはきちんと愛情を持って子どもが育てられる環境を前提とした言葉である。人間がよりよく育つためには、赤ん坊の頃から親がコミュニケーションを取って、愛情を注いであげることが肝心なのだ。

11

【体が変われば心も変わるのか？】

強制性転換手術

自殺した男性の真実

2004年5月5日、カナダのマニトバ州郊外にある駐車場で、一人の男性が自殺した。男性の名はデイヴィット・ライマー。第一発見者によると、ショットガンで頭を撃ち抜き、即死していたという。

当初は妻との離婚問題が原因とされていたので、地元警察は自殺と片付けかけていた。ところが、彼の素性を探った警察は驚くべき事実に直面した。なんとデイヴィットは、14歳までブレンダという名の女性だったのである。しかも出生直後は女性ではなくブルースという男性だったことが判明した。**つまりデイヴィットは、男として生まれながらも幼児期に女性となり、そこからまた男性に性転換していた**のである。

一体デイヴィットの人生には何が起きていたのか？　その答えは、乳幼児の頃に受けた手術の失敗と、ある医師の暴走に隠されていた。

割礼手術の失敗

全ての始まりは、幼年期の彼が1966年に受けた包茎手術にあった。当時、生後8カ月頃だったブルースは、包茎による放尿時の激痛に

デイヴィット・ライマーの自殺を報じるニュース（画像引用：YouTube「David Rimer's Suicide：2004」https://www.youtube.com/watch?v=Umbv2Q7mz0s）

悩まされていた。そこで両親は双子の弟ブライアンと一緒に、包皮の切除手術を受けさせた。ところが、執刀時の医師が電気メスの使用を誤ってしまい、ブルースの男性器を包皮ごと焼いてしまったのである。

弟への手術は即刻中止されたが、ブルースの男性器は大部分が失われた。さらに悲劇だったのは、兄弟の包茎が自然と治ることが後に判明したことだ。まさに、診断ミスで無用な手術を行い、**執刀ミスで人生を台無しにする**という最悪の展開だ。

医療ミスから1年以上も治療法を探し、途方にくれた両親は、最後にある医師へ相談を持ちかけた。医師の名前は、アメリカにあるジョンズ・ホプキンス大学病院の性科学者**ジョン・マネー**。当時、アメリカ性科学界の権威と呼ばれていたマネーは、幾多の手術を成功させた実績を持つ名医であった。

だが、名医と呼ばれる一方で、マネーは**「心の性別は、家庭や社会からの影響で後天的に作られる」**とする自説の正しさを証明する機会を探っていた。そうした状況でブルースが来院したことは、まさに絶好のチャンスだった。男性器を失ったブルースが身も心も女性として成長すれば、マネーは仮説の正しさを証明できるし、学会で確固たる地位を築けると踏んだ。

そうした野心を隠しつつ、マネーは「女として生きさせるべき」と両親を説得し、ブルースの性転換を半ば強引に承諾させた。それからブルースは男性器の残りと睾丸を切除され、外見も女性そのものとなる。かくして、ブルースは半強制的に性転換させられ、ブレンダという名の女性として生きていくことになったのだった。

ブレンダと呼ばれた少年

性転換は物心つく前に行われたので、幼児期のブレンダに大きな問題は起こらなかった。だが、思春期を迎えると変化が現れた。同年代の女子が興味を持つような事柄に一切関心を示さず、男子と同じような行動をするようになったのだ。

例えば、女子の思考に共感を持てずに男子と同じ考えを持つようになり、人形ごっこや化粧を面白いと思えず、外で活発に遊ぶことを好んだ。また、スカートを酷く嫌って髪も伸ばそうとせず、常に短髪の男装で過ごしていたという。

周囲がブレンダを女子として扱っていたこと

幼少期に人為ミスで男性器を失ったブルースは、性転換手術を受けて女性になり、ブレンダ（左）という名前で生きることになった。その性転換手術を担ったのが、心の性別が社会的な影響で決まると考えたジョン・マネー（右）。（写真引用『ブレンダと呼ばれた少年』）

を考えると、自然と心が男になったとしか言い様がない。もちろん、マネーはこれに納得しなかった。ブレンダの例を認めてしまえば、性別に関する自説を否定しなければいけないからだ。

そこでマネーは、己の正しさを追求しようとブレンダへ女性ホルモンを定期的に注入し続け、男女の写真を見せて「自分は女性だ」と繰り返し認識させようとした。だが、そうした行為はブレンダを余計に混乱させるだけだった。

ブレンダが周囲とのギャップに苦しみ、同級生に気味悪がられて虐めを受けたと報告されてもマネーは聞く耳を持たず、**都合の良い情報だけをまとめて学会へ発表**。世間から脚光を浴びたばかりか、遂にはブレンダに対し、膣形成手術で本物の女になることを勧めたのである。

ここに来てようやく一家はマネーの暴走に気

づき、彼の病院と決別した。両親は14歳となったブレンダに全ての真相を話し、男に戻るか女のままでいるかを選択させた。やはり元は男だったからか、ブレンダは「男に戻る」と即答したという。

そうしてブレンダは再び男となり、名前もデイヴィットに改名。男性器の再建は叶わなかったが、25歳で子連れの女性と結婚し、家庭を持つことも出来たのである。

心の安定を奪った実験

こうして父親になったデイヴィットは、ある決断を下した。二度と自分と同じ被害者を出さないため、1997年に自身の半生を世間に公表したのである。2000年にはノンフィクション単行本の『ブレンダと呼ばれた少年』が出版されて大きな話題を呼び、一躍時の人となった。そして、マネーの報告が信頼性に乏しいことが明らかにされ、彼の学説は正式に否定された。しかし、実験以前の功績を鑑みて学会から追放されるまでにはいたらず、現在も彼をどう評価するかは賛否両論がある。

ともあれ、その知名度の高さから、自殺が発覚した時も、デイヴィットの素性はかなり早い段階で明らかになった。

デイヴィットの自殺原因が、家庭トラブルなのは間違いない。しかしデイヴィットは、**幼少の頃から体と心の性の不一致に悩んで何度か自殺未遂をしていて、成人後も精神が不安定な状態が続いた**という。さらに2002年、弟のブライアンが抗うつ剤の大量摂取で死亡。このこ

ドキュメンタリー番組のインタビューに答えるデイヴィット（画像引用：YouTube「Sex: Unknown (Final) :2001」https://www.youtube.com/watch?v=teExpEpTZKY）

とが追い討ちをかけ、極度に自殺しやすい状態になっていたとも囁かれている。

確かに、デイヴィットの自殺原因と性転換に直接の関係はないものの、彼を精神的に追い込み自殺へと向かわせた要因の一つに、幼少期の女性化経験のトラウマがあったのは間違いない。他人から性を押し付けられ、表面的に変化させられたとしても、心がそれを簡単に受け入れることはなかったのである。

こうした過ちを防ぐために、現在の医学会では、**当人の同意なしでの性転換手術を禁止するルールが世界中で制定されている**。また、医療大学でもデイヴィットの事件を強制性転換の悪しき前例として取り上げることが多く、徹底した再発防止が試みられている。デイヴィットの悲劇が、今後繰り返されることはないだろう。

電気刺激による神経疾患の治療や表情の研究などに取り組んだデュシェンヌ・ドブーローニュの実験記録。患者の顔に電気刺激を与え表情の変化を観察した。

第2章

世間を騒がせた驚異の人体実験

12 人体蘇生実験

【死んだ人間を生き返らせることはできるのか？】

ヨーロッパ蘇生実験ツアー

一度死んだ人間を生き返らせる。まるでゾンビ映画のような話だが、歴史上、不可能と思われた命の再生にとり憑かれた科学者は多く、**蘇生実験**は何度も繰り返されてきた。

特に18世紀後半から19世紀初頭にかけては、電流を使った蘇生実験が盛んだった。きっかけは、イタリアの物理学者ルイージ・ガルヴァーニによる**「生体電気」**の発見である。

1780年、ガルヴァーニはカエルの死体を使った実験で、生物の身体そのものが電気を発しており、金属を接続することで放電し、痙攣が生じることを確認した。この実験から、肉体で生産された電気が、刺激の伝達や筋肉の収縮に用いられていると、ガルヴァーニは学会で発表したのである。

実験は一大センセーションを巻き起こした。そして、これに刺激を受けたある物理学者が、実験対象を次々に拡大していき、**見世物のように実験を繰り返していく**ことになる。それがガルヴァーニの甥**ジョヴァンニ・アルディーニ**だ。

アルディーニは、ヨーロッパ各地を旅しながら牛や馬、犬、羊などの死体に高圧電流を流し、ガルヴァーニの蛙と同じ、電気による筋肉痙攣

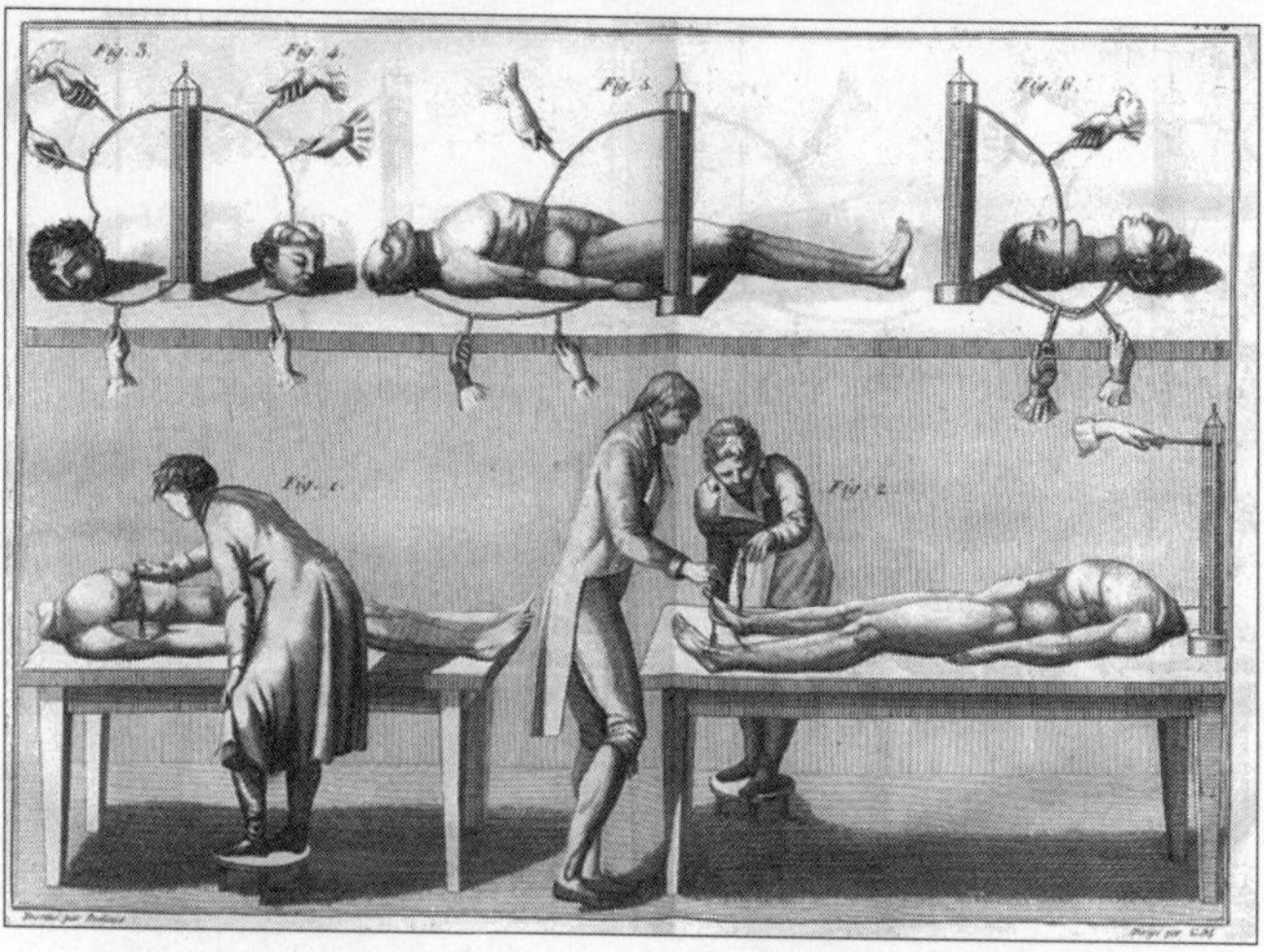

ジョヴァンニ・アルディーニによる実験のイラスト

の公開実験を行っていた。

ほんの少し前まで屠殺場に転がっていた動物の死体にアルディーニが電流棒をあてがうと、死んだはずの動物のアゴや目玉が動く……。

悪趣味な見世物のような実験だが、当時は1789年から本格的な拡大を見せたフランス革命の真最中。民衆も血や死体の恐怖に麻痺していたのか、この「蘇生実験ショー」は大評判となり、数多くの見物人が見守ったのである。

そして、実験はさらにエスカレートしていった。アルディーニは人体の蘇生実験に目をつけたのである。

フランケンシュタインのモデル

1803年、アルディーニはイギリスで、妻と息子を溺死させた罪で絞首刑となったジョージ・フォスターの遺体を手に入れた。

当時のイギリスには「殺人法」という法律があった。簡単に言えば遺体にも懲罰を加えよ、という恐るべき法律である。しかし、科学者や医者にとっては、解剖や実験用の死体を手に入れるのに都合のいい法律だったため、アルディーニもこれを利用した。

実験は、王立外科医師会の施設で、医者をはじめ公爵やイギリス皇太子が見守る中で行われた。アルディーニが電極棒を当てると、フォスターの死体は、顔、手、胸、と各所の筋肉を収縮させ、最後は片方の電極を耳に、もう片方の電極は直腸へ突っ込まれた。イギリスの新聞『ロンドン・タイムズ』はその時の様子を、「死体は右手の拳を突き上げ、両脚をばたつかせた。詳しい知識のない一部の見物人には、この哀れな男が今にも生き返ろうとしているように見えた」と報じている。なお、当然ながら**この実験で死人が蘇ることはなかった**。

作家メアリー・シェリーは、この実験を伝え聞き、小説『フランケンシュタイン』を執筆したという。

「死刑囚蘇生」の壁

さらに1930年代にも、蘇生実験にこだわった科学者がいる。カリフォルニア大学バークレー校を18歳で卒業し、20歳で博士号を取得した天才、**ロバート・コーニッシュ**だ。彼はティーターボードと呼ばれるシーソーのような板に遺体をくくりつけ、それを上下させること

作家メアリー・シェリー（左）はアルディーニの蘇生実験を知り、小説『フランケンシュタイン』のモチーフにしたという。

で血液の循環を回復させるという方法で蘇生を実現しようとしたのだ。

コーニッシュは1934年と翌年、2度続けて犬を対象にこの実験を行った。その結果、なんと犬を蘇生することはできたのだが、そのまま意識を回復することなく死んでしまった。

しかし、コーニッシュはこれを「成功」とし、人体で実験を試してみたくなった。そこで1935年「処刑された死刑囚の蘇生を試したい」と発表。すると、少女殺しの凶悪犯トーマス・マクモニグルが、実験台に立候補した。彼はガス室送りになる予定の死刑囚であった。

そこで1947年、コーニッシュはカリフォルニア州更正課に、マクモニグルの死刑が終わった後、蘇生実験を実施させて欲しいと正式に請願したが、彼が収監されているサン・クエンティンの刑務所長は、死刑後、長時間ガス室に放置される遺体の危険性を理由に、コーニッシュの要請を却下。結局1948年2月、マクモニグルはガス室送りとなり、蘇生実験は行われなかった。

ところが後日、この実験に許可が出なかったのには、別の理由があったという噂が流れた。実験が成功してマクモニグルが蘇生した場合、彼を釈放しなければならなくなるケースも考えられたからだ。というのも、マクモニグルは少女殺しとは別に余罪があったが、死刑執行後は法的には自由の身になる可能性があったため、カリフォルニア州がそれを嫌がったのではないかといわれている。

つまり**「死刑後、蘇生に成功」という人類史上前例のないケースが現実となった場合、法律的にその人間をどう扱えばいいのかわからなかった**ため、実験の許可が下りなかった可能性があるのだ。

永遠の命が手に入る日

そう思うと、血生臭い世相のおかげで人体実験ができたアルディーニは幸運だったのかもしれない。ちなみに、その実験内容からマッドサイエンティストばりの変人をイメージしてしまうが、実はアルディーニは悪趣味なショーばかりに夢中になっていたわけではなかった。実験結果をその後の研究に取り入れ、電気療法の基盤を築いたことでも知られているのである。

こうして科学者を虜にしてきた蘇生実験は、現在でも行われており、成果も着実にあがって

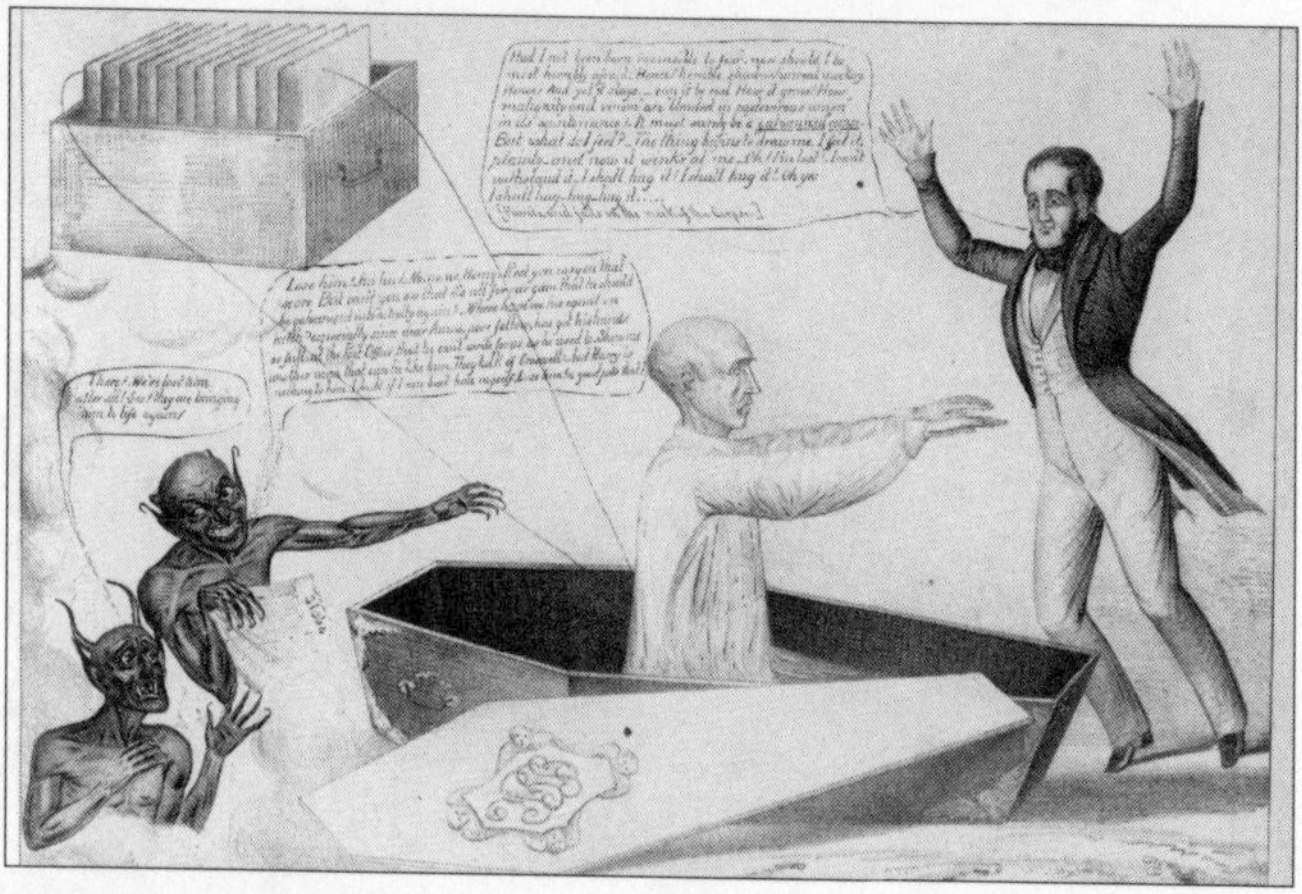

ガルヴァーニとアルディーニによる電気刺激実験は「ガルヴァニズム」と呼ばれ、今日の電気療法の基盤となった一方、電気刺激によって死体を動かす奇怪さから風刺漫画まで描かれた。

いる。２００５年にはピッツバーグのサファール蘇生研究所にて、死亡後数時間が経過した犬の血液を入れ替え、蘇生させる実験に成功している。しかも状態は完全に正常で、脳にもダメージはなかったことが確認されているというのだから、技術の進歩は著しい。

科学者らは、今後1年以内にこの技術の人間への応用が期待できると発言している。それが本当なら、**近い将来、蘇生研究が実を結び、人が完璧に甦る技術が出てくる可能性はおおいにある**のだ。

ただ、コーニッシュの例でわかるように、法律や倫理的な問題など、技術以外にも大きな課題は残っている。しかしもし、それらの課題がクリアされ生き返る機会を与えられたとしたら、あなたはこの技術を利用するだろうか？

13 若返り手術

【欧米で話題になった手術を行った日本人医師】

大正時代の若返り術

いつまでも若くあり続けたい。それは人類普遍の願望と言えるだろう。だが**「若返りの術」**までいくと、急に胡散臭くなる。映画や小説の影響で、不気味な秘薬や怪しげな改造手術など、現実離れしたイメージが伴いがちだ。

だが、大正時代の日本では、若返り術が権威ある大学病院で行われていた。実施したのは、九州帝国大学（現・九州大学）医学部の**榊保三郎《さかきやすさぶろう》教授**だ。

1870年、静岡県に生まれた榊は、東京帝国大学医科大学（現・東京大学医学部）を卒業後、欧米各国に留学。そして、帰国と同時に九州帝国大学の精神病学教室の初代教授となる。父・兄弟ともに医学博士で、留学時代にはあのアインシュタインとも交流を持ち、バイオリンの名手としても知られていたというから、多才な人物であったことは間違いない。

その榊が専門分野である精神医学の講義を行う傍ら、没頭した研究が**「スタイナハの若返り法」**であった。

メスを追いかけ回した老ラット

欧米で話題となった「スタイナハの若返り法」を日本で実施した九州帝国大学の榊保三郎教授（九州大学大学文書館提供）

スタイナハの若返り法とは、ウィーンの生理学者ユージーン・スタイナハが考案した術式だ。スタイナハは、もともと性ホルモンを分泌する精巣や卵巣などの生殖腺を研究していたが、そのデータから「生物が老化する大きな要因は、生殖腺の衰退にある」と推測した。すなわち、スタイナハは**生命の根源を性ホルモンにあるとみて、その活性化を促すことが、若返りに通じる道である**と考えたのだ。

そこでスタイナハは、一つの仮説を立てる。「もし、睾丸で作られた精液を運ぶ輸精管を縛れば、性ホルモンを必要とする精子は体外に出なくなる。すると余った性ホルモンが血流に入り込み、全身を駆け巡るのではないか」と。

この説を実証すべく、スタイナハは老いたオスのラットを使って実験手術に着手。開腹して輸精管を結んだのちに縫合したラットと、開腹のみを行って縫合したラットと比較すると、輸精管を結んだラットは手術痕の回復が早いことに気付いた。

それだけでなく、実験10日目には、それまで高齢のため性的関心を示さなかったオスのラットが、メスの尻を追い回すようになり、その後は飛びかかるほど性欲が増すようになったという。さらには筋力にも改善が見られ、若いオスに対しても闘争意欲を示すほどであったと報告している。

やがて、このスタイナハ術は欧米で人間にも応用されるようになり、ノーベル文学賞を受賞したアイルランドの詩人ウィリアム・バトラー・イェイツも、創作力を生み出すために、この手術を受けたと言われている。

果たして手術の効果は？

欧米で話題を呼んでいたスタイナハ術を知った榊は、大きな関心を寄せた。そして、1921年7月、56歳のうつ病患者を対象に、榊の若返り実験は行われたのである。

榊によれば、手術の2カ月後に患者は便秘が解消され、食欲も増加。さらに白髪も減って、精神状態も見違えるほど快活となったという。新聞の取材に対しても、「手術は生殖腺の働きを高めるだけでなく、性ホルモンが身体に充満することで、他系統の内分泌も活性化され、全身の細胞が若返るようになる」と答えている。

さらに榊は、**「一生を青春に生き、若々しき情欲を保たんと望む者は、当院に来たれ」**と自

スタイナハ術を受けたといわれるノーベル文学賞受賞詩人ウィリアム・バトラー・イェイツ

らの手術を宣伝。いささか誇大とも思える文面だが、権威ある大学教授が堂々と発表したため、全国から若返りを望む患者が病院に殺到したという。その結果、榊本人の報告によれば、**スタイナハ術を施した35名のうち、16名の患者に効果が出た**というのだ。

だが、この若返り療法に対して、その術式にも実際の効果にも疑いの目を向ける学者は少なくなかった。特に東京医学士会の医師は、「スタイナハの研究結果など、偶然の産物にすぎない」として、老化現象が全て改善できると謳った榊の手術を、素人だましとして激しく非難している。

この反論に榊は、「若返りという言葉は大げさだった」とトーンダウンし、賛否両論があることを認めたが、手術には一定の効果があったことを強調。また、講演の際には自分の頭を手のひらで叩き、「かように素晴らしいスタイナハ術でも、私のハゲ頭ばかりはどうにもならなかった」と、場内を沸かせるほどの余裕を見せていた。

榊教授の失脚

ところが、日本に先んじてスタイナハ術を行っていた欧米では、手術の件数が増えるにつれ、**期待したほどの結果が出ないと相次いで報告されるようになった**。実は、スタイナハの術式は、発表当初から内容を疑問視する声があり、「性ホルモンが全身に巡ることは立証できない」として、研究の根幹部分が否定されるようになっていたのだ。

確かに現代でも「パイプカット」と呼ばれる精管を切断する手術は存在するが、それはあくまでも男性の避妊が目的であり、この手術を受けたからと言って若返りが見られたという話を聞くことはない。

また1件目の「劇的に改善したうつ病患者」の件にしても、そもそもうつ病の中には周期的に症状が改善するケースもあるので、患者が手術を受けたのがたまたま回復期であった可能性がある。さらに、榊が手術の際に必要な生血を生活困窮者から買い上げていたことが問題視され、「医師が若返り術などのために、別の人間から血液を奪取するのは、人道上のみならず刑法上の犯罪である」と難詰されることになる。

こうして窮地に立たされた榊へ追い討ちをかけるように、致命的なスキャンダルが襲いか

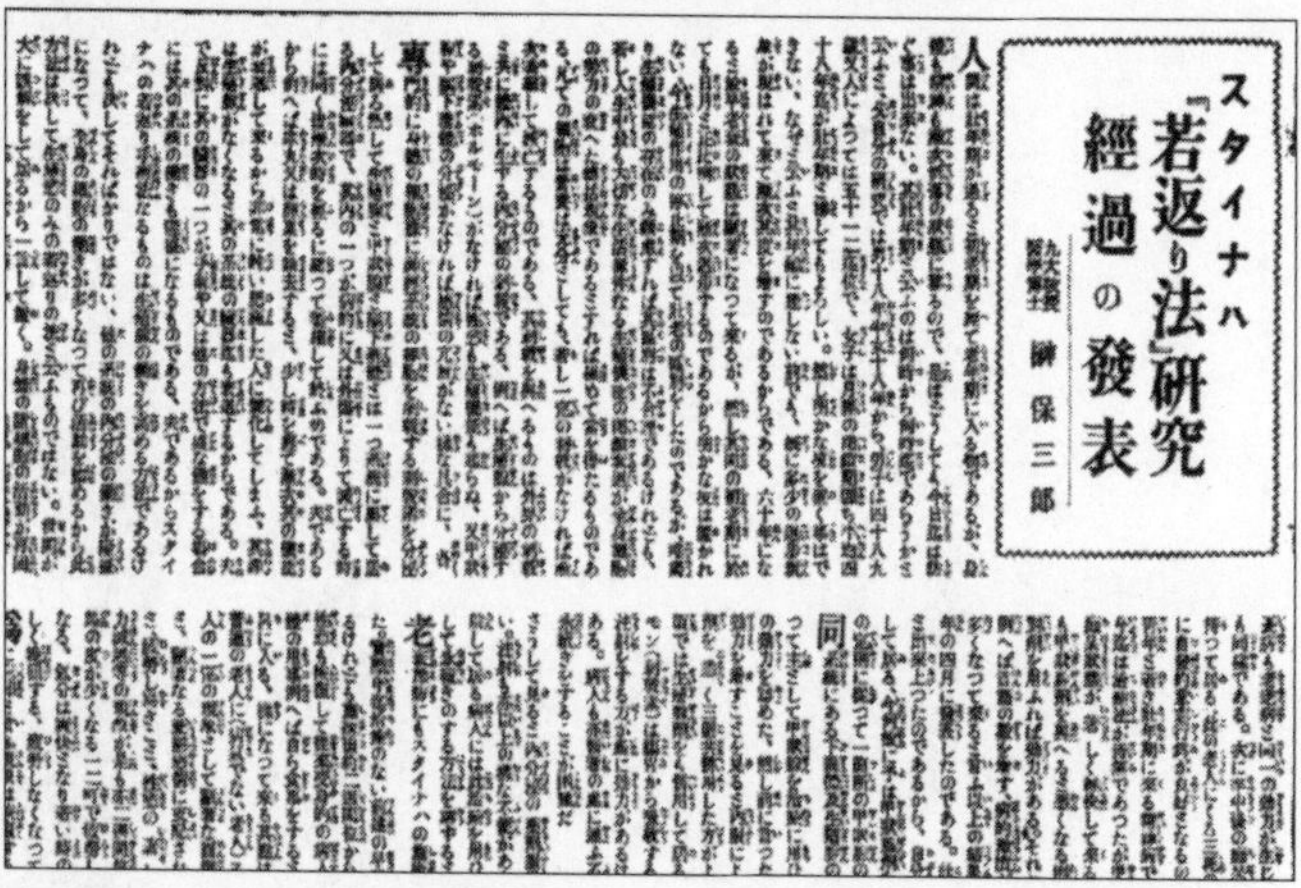

スタイナハ『若返り法』研究經過の發表

九大教授 醫學博士 榊保三郎

榊教授によるスタイナハ術実施を報じた新聞記事（大阪朝日新聞 1921 年 10 月 30 日付）。手術には賛否両論があったが、最終的には教授のスキャンダル等の問題が指摘されると、この治療法も忘れ去られていった。

かった。１９２５年、**榊を含む数名の医師が公務以外の時間に患者を診察し、特別報酬を懐に入れていたことが発覚**したのである。起訴こそ免れたものの、責任を追及された榊は、辞任に追い込まれた。

この事件から4年後、榊は急性肺炎で死亡した。そして彼の死とともに、夢の治療法も世間から忘れられるようになったのである。

このように、若返り療法の確立者としては名を残すことができなかった榊だが、音楽に精通していたことから、生前は「九大フィルハーモニー」の創立に多大な貢献を行っていた。この楽団は日本最古のアマチュア・オーケストラで、九州における音楽界のパイオニア的存在でもある。榊保三郎の名は、むしろこちらの方面で讃えられることが多いという。

14 不眠実験

【危険すぎてギネス記録から消えた】

不眠挑戦中に人格が崩壊

1959年、アメリカのラジオ局「WMGM」のDJであるピーター・トリップが、小児麻痺救済の資金集めのために「200時間不眠マラソンラジオ」を決行した。タイムズ・スクエアのブースで睡眠学者と医師に見守られながら、彼は無謀とも思える**不眠記録**に挑戦。そして見事、200時間（8日と8時間）という大記録を打ち立てた。

ところが、その大記録と引き換えに、ピーターにある異変が起きた。

彼に異変が起こったのは、100時間を過ぎた3日目から。突然笑ったり声をあげて泣いたりして情緒不安定になり、単純な数学問題やアルファベットの復唱が難しくなってきた。5日目になると「体を虫が這い回っている」と頻繁に幻覚を見るようになり、さらには実験を見守る医師を葬儀屋と勘違いし「自分を葬るのか」と逃げ回る騒ぎを起こす。

最後の66時間は覚醒作用のある薬を飲み、なんとか起きていたものの、ピーターの心身は限界を超えていた。友人の顔が判別できないばかりか、なんと自分自身も誰だかわからなくなり、「ピーター・トリップとは自分が演じてい

不眠記録はギネスブックにも載っていたが、記録が伸びるにつれて挑戦者の体に異変が出るようになったため、危険だとして削除されることになった。

る男の名前に過ぎない」と発言。**重度の精神疾患患者のような状態になった**のである。

しかし、不眠記録への挑戦はこれだけでは終わらなかった。トリップの挑戦から5年後の1964年、彼の記録を超える不眠264時間がアメリカの学生ランディ・ガードナーによって達成されたのだ。スタンフォード大学の睡眠研究者ウィリアム・デメント博士が協力し、やはり次のような変化を目撃した。

実験開始2日目、ランディは怒りっぽくなり、軽度の記憶障害を起こした。さらには集中力がなくなり、テレビを見ることも困難になる。5日目には感情のコントロールが難しくなり、7日目には震えと言語障害が頻発した。9日目にもなると、無表情で話の内容もまとまりがなくなり、11日目には眼球が左右バラバラに動くなど、危険な兆しが随所に現れたのである。

友人の協力、さらにマスコミの注目度の高さに煽られ大記録を達成したものの、チャレンジ末期のランディは異様な雰囲気に包まれており、「明らかに人体に危険がある」と判断された。こうして人の心身に多大なダメージを与えることがわかった不眠実験は、**「ギネスブック」の登録対象から、永遠に削除された**のだった。

不眠による後遺症

どちらの結果も、睡眠が精神の安定に重要な働きをすることを証明してくれたが、ピーターとランディで違った点が一つあった。それは二人の「その後」である。

ピーターはラジオ終了後、ひたすら眠り続けて体調を回復したものの、性格が荒っぽくなったという。その後、職場での人間関係も悪化。メディアの世界から姿を消し、私生活でも4度離婚をしている。不眠実験の影響で、彼は人格が壊れキャリアを失った、と言う人も多い。

ただ、彼はレコード会社から賄賂を受け取り、特定の曲ばかり流すという賄賂事件に関わっており、その罪で不眠挑戦ラジオの数週間後には起訴され、贈収賄で有罪判決を受けている。つまり、不眠実験以外の出来事でも、ピーターは追い込まれていたわけだ。

一方、ピーターよりも3日間不眠記録を延ばしたランディは、実験の1週間後には完全に元の生活リズムを取り戻している。つまり、**不眠では深刻な後遺症は残らず、その後にきちんと睡眠をとれば、復活は可能**なのである。

睡眠の役割
心身の疲労を回復
怪我・肌荒れの修復
記憶の固定 等
睡眠不足の影響
意欲の低下
疲労・ストレスの蓄積
肥満リスク増大 等
Z
Z
Z

睡眠の役割と睡眠不足の影響

動物なら不眠が「死」に至る

とはいえ、この結果を見て「元に戻るのなら不眠に挑戦しよう」と軽々しく思ってはならない。なぜなら動物実験では、悲惨な結果が確認されているからだ。

ロシアの科学者が犬を運動させ続けて不眠状態にする実験を行ったところ、96～120時間で死んでしまった。また、アメリカの睡眠研究者がラットを長期間断眠する実験を行ったが、こちらも2週間足らずで全て死亡。ラットの最終的な死因は敗血症だが、**直接的な原因は解剖されても不明だった**。不眠によって免疫力低下や体温低下、ストレスホルモンの大量分泌など、様々な変化が重なった結果と思われる。

では、ピーターとガードナーが犬やラットと違って死に至らなかったのはなぜだろうか？

それは、二人が完全な不眠状態ではなかったからだと言われている。人間は少し目を閉じるだけでごく短時間の睡眠が取れる**「マイクロスリープ」**という機能が備わっている。数秒目を閉じるだけで、スッキリした気分になることがあるのは、この機能のおかげだ。

彼らの場合、眠っていないように見えて、「まばたき」の延長で上手にマイクロスリープをしていたと思われる。追い込まれた人間は、意外なほど効率の良い睡眠がとれるのである。

軍事利用される不眠

だがもし、マイクロスリープすら許されない状態だったら、二人はどうなっていただろうか。実験後にそれまでの睡眠不足を補う環境が用意されず、精神的プレッシャーをかけられ続けたとしたら、回復することはできたのだろうか？

その答えは、不眠実験中も賄賂発覚の恐怖に怯えたピーターの例が、雄弁に物語っている。体調が戻りはじめた頃に起訴され、精神的なプレッシャーを受けたピーターは、脳の疲労が取れず、性格や体調に大きな歪みが生じた。

このように、睡眠を甘く見ていると取り返しのつかない事態に陥ってしまう。1979年の「スリーマイル島原発事故」、1986年「チェルノブイリ原発事故」、さらには同年の「チャレンジャー号爆発」も作業員の疲労と睡眠不足による判断ミスが原因だ。ちょっとした睡眠不足であっても、体調や環境によっては大きな事

原発事故が起きたアメリカのスリーマイル島。作業員の睡眠不足による判断ミスが原因だった。

故の原因になりうるのである。

その恐ろしい効果から、**不眠による精神的苦痛は拷問にも利用されている**。２００２年のブッシュ政権下では「身体的苦痛は生じない」として断眠拷問が行われていたが、これが直接の原因で、アフガニスタンのバグラムにある施設で殺人事件が2件も発生している。

また軍事利用は拷問だけにとどまらない。現在、アメリカ国防総省の国防高等研究計画庁が不眠を科学の力で解決し、**眠らずに何日も戦闘を持続できる兵士を作る研究**をしているのだ。

人が不眠による不調から逃れ、眠らなくとも元気に過ごせるようになるのは確かにありがたい。しかし、その技術が真っ先に軍事利用されていることからもわかるとおり、不眠への挑戦は不気味な方向に進んでいるのである。

15 タスキーギ梅毒実験

【梅毒患者を治療せずに陥れた一大スキャンダル】

恐怖の実験の発見

1972年7月、アメリカの有力紙『ニューヨーク・タイムズ』の一面トップに**「連邦政府による研究の梅毒犠牲者、40年間も治療されず」**というタイトルが踊った。内部告発により発覚したその内容は、あまりにも衝撃的であった。

米国公衆衛生局管轄の性病部医師たちは、アラバマ州タスキーギ及びその周辺の町の黒人梅毒患者399人を被験者とし、故意に治療を行わなかった。そして、治療法が見つからない梅毒がどのように蔓延し、人の命を奪うかを調べるため、患者が苦しみ死ぬ様子を、非感染者と比べながら「観察」し続けたのである。

しかも、医師は患者に梅毒であることを告知しなかったし、梅毒にかかっていない患者がその後、梅毒菌保有者との接触で感染しても放置した。医師が継続的に行ったのは、ただ一つ。数年に1回程度タスキーギに来訪して患者の脳脊髄液を採り、梅毒の進行状態を調べることのみである。しかも実験は1932年から行われており、内部告発がなければその後も継続されていた可能性がある。

1972年11月に研究の停止が表明された時には、すでに**患者のうち28人が死亡し、約**

被験者の血を採取する医師。医師は梅毒の観察と称し、患者に病名を告げず治療もしないという実験を40年にもわたって続けていた。

100人が失明や精神障害を被っていた。

善意から実験へ

皮肉にも、このタスキーギ実験のきっかけとなったのは、慈善団体が米国公衆衛生局の協力を得て立ち上げた、真っ当な梅毒治療事業であった。

当時、梅毒は「有効な治療はない」といわれるほど治療が難しく、治療に使われていた水銀や治療薬のサルヴァルサンは副作用がひどく再発率も高かった。そのため、それに代わる治療法が模索されていた。

そんな最中の1929年、梅毒治療事業がスタートした。翌年にデモンストレーション地域として全米で最も感染率が高いタスキーギが選ばれると、サルヴァルサンより副作用が低いネオサルヴァルサンが使用され、当時としては良質の医療を患者に提供した。

ところが、当初は順調に進んでいた事業は、1929年に起こった世界大恐慌の煽りを受けて資金が激減。1931年、慈善団体は撤退を余儀なくされてしまう。

しかし、資金提供元の米国公衆衛生局はタスキーギから撤退しなかった。ノルウェーにおいて、自然観察によって白人の梅毒患者の症状が軽減したという報告があったため、タスキーギの黒人患者に同様の観察をして、人種による違いがあるかを調べようとしたのである。慈善事業が人体実験へと変貌した瞬間だった。

早速、米国公衆衛生局は、4400人のタスキーギ住民を対象に梅毒検査をした。そして、一度も治療を受けていない梅毒患者399人を確認すると、彼らを観察対象に選び、放置実験がスタート。当初は半年から1年間の予定だった実験は、冒頭で紹介したとおり40年続き、その間に**効果的な治療薬が登場しても、実験対象の黒人にそれが与えられることはなかった**。文字通り、患者は放置され続けたのである。

実験成功の立役者は黒人看護師

実験対象となった黒人たちは、病名は告げられずに「悪い血がある」とだけ伝えられ、定期的に検査を受けた。高等教育を受けられず、人種差別の厳しい環境で育ち経済的にも貧しい彼らにとって、政府が実施する検査や医療を受けることができるのは、喜ばしいことだった。し

1929年に起きた世界恐慌のあおりを受け、タスキーギの慈善団体は撤退。しかし、公衆衛生局は自然観察で梅毒が改善されるかを調べるため、実験を続けた。

かも、身体検査や食事の費用は無料で、第二次世界大戦の徴兵は免除、死亡した場合の葬儀への援助まであった。しかし、実験目的が、梅毒の進行過程を追い、検死用の死体を確保することだったのは、誰も知らなかった。

彼らがここまで米国公衆衛生局の医師を信頼した背景には、あるキーマンの存在があった。**ユーニス・リヴァース**という黒人看護師だ。彼女は白人医師とタスキーギの黒人患者の意思疎通をはかる重要な役割を担い、40年の実験期間中、全過程に携わったのである。

リヴァースは患者たちに実験のことは伝えなかったが、愛情をもって接し、米国公衆衛生局の信頼を取りもった。しかしその裏で、新しく配属された医師が梅毒患者に治療薬を与えようとしたのを彼女が止めるなど、治療の阻止にも直接関わっている。

被験者からの信頼があったからなのか、事件後、彼女は民事でも刑事でも告訴されなかった。晩年のインタビューでは「被験者たちは実験で大きな利益を得たと思っている」と答えていることから、実験を人種差別どころか、「黒人のため」と最後まで信じていたようだ。

病人ではなく臨床実験の材料

事件発覚後、実験に関わった医師たちは皆弁明を繰り返した。梅毒の告知をしなかったことに関しては、「悪い血というのは梅毒と同じ意味であった」と苦しい説明をする者までいたという。発覚当時、アメリカ疾病予防管理センターの性病部長も「患者たちは薬を拒絶されたのではない。薬があると説明されなかっただけだ」と弁明をし、避難を浴びている。

実験の最重要人物ともいうべき、米国公衆衛生局性病部部長を務めたジョン・ヘラー医師にいたっては、新聞のインタビューに堂々とこう答えている。

「彼らは患者ではなく、被験者だ。病人ではなく、臨床実験の材料なのだ」

当然世論の反発は激しかったため、同年11月、アメリカ厚生省は正式にタスキーギ研究の停止を表明。1974年には政府が被害者や遺族たちに約1000万ドルの和解金を出した。しかし、**国からの公式謝罪はなかった。**1997年5月、クリントン大統領が正式に謝罪するまで、実に四半世紀かかっている。政府の機関が善意を装い市民を実験台にするという

1944年のイギリスによるペニシリン開発の様子。その数年後に実用化されると、有効性を確かめるため、アメリカによってグアテマラで人体実験が行われた。

行為に不信感を持った人は多く、とくに黒人や南米移民といったマイノリティの人々は、医師や医療を拒否する傾向があるという。

そして２００５年、彼らの不信感をさらに募らせるような人体実験が、中米のグアテマラで行われていたことが発覚した。１９４０年代後半、アメリカがグアテマラ衛生局協力のもと、**兵士や売春婦など約１５００人を同意なしに性病に感染させていた**のだ。１９４７年から利用が広まったペニシリンの有効性を調べることが目的だったこの実験が、梅毒の経過観察が行われたタスキーギ実験と深くかかわっていることは間違いない。

特効薬が生まれる中、こうした悲劇が隠れているとは信じたくないが、この二つの事件は、その可能性を不気味に示唆している。

16 病原菌接種実験

【精神疾患患者に病原菌を注射した日本の内科医たち】

密室での極秘治療

太平洋戦争が終わって7年が過ぎた1952年11月、新潟精神病院では、入院患者が頻繁に高熱を発するようになった。それも、**深夜になって3～4人もの患者が看護人室を訪れ、苦しみを訴える**という不思議な状態だった。

だが、さらに不可解なことに、当時の新潟精神病院では、深夜勤務に当てられた看護人は1～2人しかおらず、医師は看護人に対して処置の指示を出そうとしなかったという。

そんな事態が起こり始めたのは、新潟大学医学部の桂重鴻《かつらしげひろ》内科に所属する若い医師たちがやってきてからだった。

医師たちはカルテを見て患者を選ぶと、一人ひとり治療室に連れてこさせた。通常なら、看護人が治療の補助作業を行うところだが、この医師たちは看護人を廊下に出して部屋の扉を閉めてしまう。高慢な態度を取る若い医師が中で何をしているのか、看護人に知る由はないが、夜中に発熱するのは決まって、この治療を受けた患者だった。

しかも、看護人たちが患者のカルテや看護日記をつけようとしても、病院当局から記載の必要はないと通達される始末。看護人たちの桂内

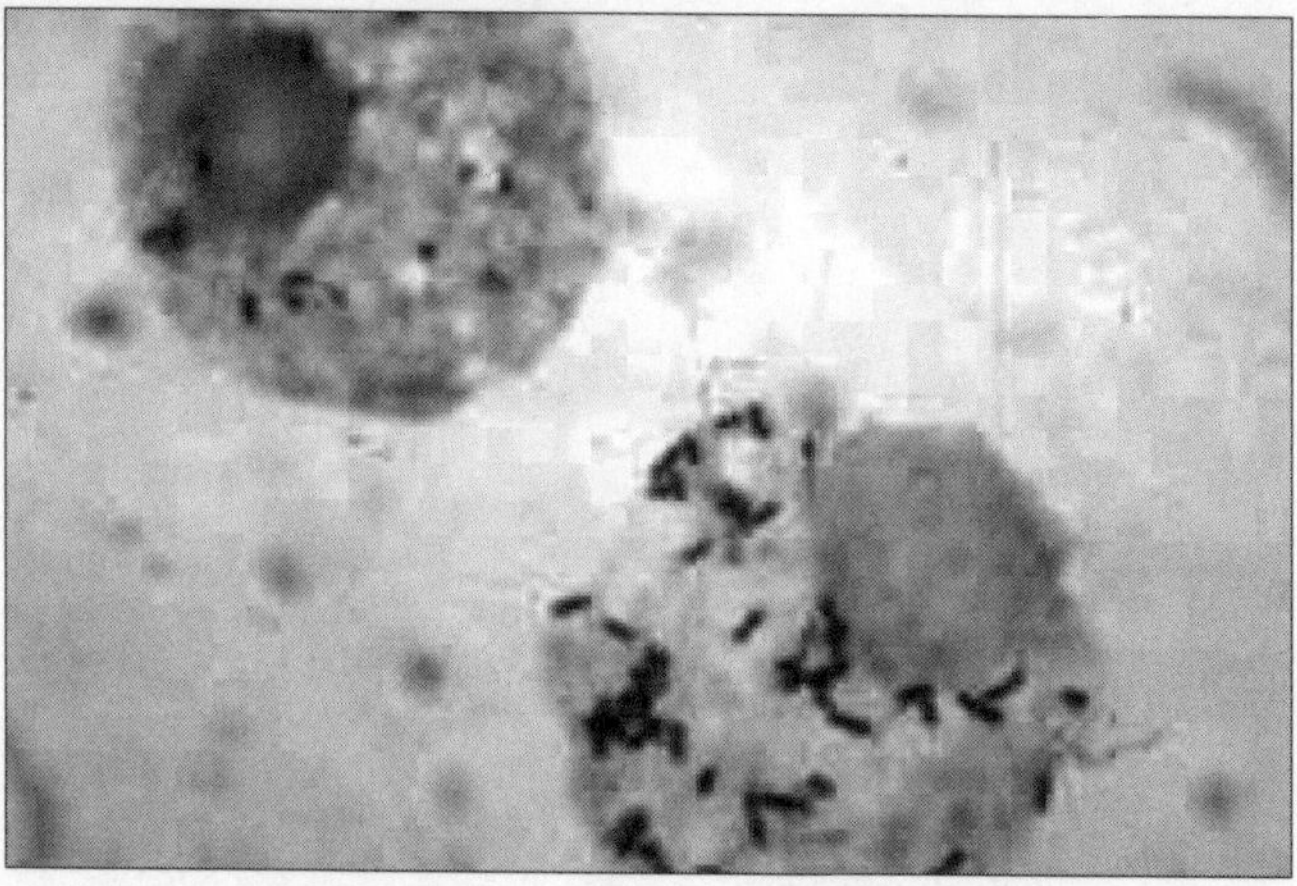

ツツガムシの幼虫が保菌しているリケッチア。感染すると高熱を発症して食欲不振や頭痛が起き、最悪の場合死にいたる。この病原菌を新潟精神病院の内科医たちが患者に注射していたことが発覚した。

科医師への不信感は、募るばかりだった。そして、病院への不可解な行動を目撃した看護人たちは、のちに**医師たちが患者に行っていた病原菌接種実験の全貌**を知ることになる。

労働争議で事実が明らかに

事件が発覚したのは、従業員による労働争議がきっかけだった。事件の舞台となった新潟精神病院は、公立病院にも匹敵するほどの規模を持ち、収容患者数は450人にも上ったが、従業員数は法律で定められた人員を下回る128人しかおらず、看護人は安い給料で昼夜を問わずこき使われた。

そんな待遇に耐えかねた看護人たちは労働組合を結成し、春闘で賃上げを要求。労働争議へと発展し、労組はストライキを実行する。

これに対して病院側は、適当な理由をつけて労組の幹部三役を解雇したが、当然不服とした労組側は反発し、新潟地方裁判所において法廷闘争が行われることとなった。同時に労組側は、解雇は不当労働行為だとして、新潟地方労働委員会（新潟地労委）へも訴えた。

この訴えを受けて調査を行っていた新潟地労委は、1956年9月、病院側へ審問を行ったのだが、その席上での委員の発言は衝撃的だった。なんと、**新潟精神病院では精神病の治療と称し、ツツガムシの病原体を患者に注射していた事実がある**、というのである。

この発言を受けた労組側の弁護士は、より詳しく実態を説明。それにより、新潟精神病院は新潟大学の桂内科より依頼を受け、149人の患者にツツガムシ病原体の注射を行っていたことが明らかとなったのである。

社会が驚いた医師の人体実験

ツツガムシとは、日本全国に生息するダニの一種である。この幼虫がツツガムシ病原体（リケッチア）を保菌しており、刺されてリケッチアに感染すると、ツツガムシ病を発病する。

そして、発病すると全身に倦怠感が襲い、食欲不振や強い頭痛に苛まれたり、40度に達するほどの高熱が出たりする。**治療が遅れて重症になると、髄膜脳炎や多臓器不全などで死亡することもある**恐ろしい病原体だ。

そんな危険な代物を、新潟精神病院の桂内科の医師たちは患者に対してわざと注射し、発熱

ツツガムシ病に感染した女性。野生のダニに刺され発病した。（毎日新聞社提供）

を促していたのである。

社会はこの事件に大きな衝撃を受けた。読売新聞は5段ぬきの見出しで、「新潟精神病院患者にツツガ虫病の人体実験」と報道。日本弁護士連合会（日弁連）は人権擁護特別委員会に「ツツガムシ病人体実験特別委員会」を設置し、事件の調査を開始した。これら新聞報道や日弁連の指摘によって、医師たちが149人に注射をしただけでなく、接種を受けた患者8名を死亡させていたことがわかった（うち1名は自殺）。

人権を無視したこの人体実験に対して、当初桂教授はマスコミに「新潟精神病院と協力のうえで、発熱療法としてツツガムシリケッチアを注射した」と説明。ツツガムシ病による発熱で熱に弱い細菌「スピロヘーター」を殺し、そののちに抗生物質を投与して治癒するのが目的だっとした。

確かに、発熱療法はスピロヘーターに感染した梅毒患者に対して有効だが、注射された患者のほとんどは梅毒ではなく統合失調症だったし、接種後の治療に精神科医は全く関与していなかった。しかも、発熱療法には長期の発熱が必要であるにもかかわらず、1日か2日で熱を下げてしまっており、教授の説明にはおかしな点が多かった。

そこで桂教授は、世間の疑いの目から逃れられないと悟ったのか、1956年11月29日付の読売新聞で見解を発表した。実験の本当の目的はツツガムシ病の研究であり、解熱剤としてアメリカで開発された「オーレオマイシン」や「クロロマイセチン」という抗生物質を使用したというのだ。これらの抗生物質は、当時の日本では輸入も使用も許可されていない薬である。つまり**新潟精神病院の患者は、アメリカの薬による効果を実証するための実験台にされた**と考えられるのである。

アメリカ軍の関与

この問題について日弁連は「医師の人体実験に関する件」という決議書を1957年4月に発表し、桂内科の医師および病院幹部に厳重警告、幇助した医師たちに注意、関係省庁等に通報を求める結論を下した。さらには国会でも審議され、人権的な問題が指摘された。

だが、責任の所在はあいまいにされて幕を閉じることになる。本来なら傷害罪に当たる事件

米軍援助　ツツガ虫病研究にも

11年間に一億余円　四〇六部隊から

ベトナム戦にも関係か

自主研究を強調　学者

新潟精神病院での人体実験を巡って国会でも議論されたが、結局、法務省が警告を示すのみに止まり、関係医師が逮捕されることはなかった。その理由として、神奈川新聞は米軍の関与を指摘する記事を掲載したが、真相はよくわかっていない。（神奈川新聞 1967年5月28日付）

だったにもかかわらず、**法務省は「警告」を示すのみにとどまった**のである。

理由は定かではないが、厚生省（現・厚生労働省）によって桂医師に実験が依頼されていたという説から、ツツガムシリケッチアを利用した細菌兵器開発を目したアメリカ軍からの要請だったとの説もあり、1967年5月28日付の『神奈川新聞』には「米軍援助　ツツガ虫研究にも――十一年間に一億余円」との記事が掲載されている。

このような人体実験は、戦後しばらくして報告が相次ぎ、裁判にまで発展した例も少なくない。多額の報酬や功名心、もしくは科学者としての探究心に医師が支配されてしまった場合、病以上に恐ろしい存在として、医師は患者を苦しめるのである。

17 ピロリ菌を飲んだ科学者

【胃炎の原因を解明しようと決死の覚悟で臨んだ実験】

胃炎の原因は何か？

1984年7月10日、33歳の医師**バリー・マーシャル**は、生肉の臭いがする「あるもの」を静かに飲みほした。それは、66歳の男性の胃袋から取った約10億個の**ピロリ菌**を少量の水に溶かしたものであった。

正気の沙汰とは思えない行為だが、これには当然理由がある。マーシャルは、胃炎とある細菌の関係について調べていたのである。

当時、胃炎の主な原因はストレスだと考えられていたが、マーシャルは「胃炎は細菌による感染症」という大胆な仮説を立てていた。

きっかけは1979年、オーストリアの王立パース病院で研修医として勤務していたときのこと。研修の研究テーマを探していたマーシャルは、同じ病院に勤めていた病理学者のロビン・ウォーレンが、慢性胃炎に悩むロシア人患者の胃の粘膜から、らせん系の細菌を発見したことを耳にする。この話に興味を抱いたマーシャルは、ウォーレンと協力してその関連性を追究することにしたのである。

まず、マーシャルはロシア人患者の承諾を得て、細菌へ抗生物質を2週間分投与してみた。すると驚くことに、長年悩んでいた患者の

胃炎の原因を探ろうとピロリ菌を飲んだ科学者バリー・マーシャル（©Copyright Images are generated by BCCFoodTravel.com and licensed for reuse under this Creative Commons Licence）

胃炎が簡単に治ったのである。微生物の活動を抑える抗生物質が効いたことで、マーシャルとウォーレンは**「胃炎の原因はらせん系の細菌である」という説に確信を得た**のであった。

とはいえ、胃炎と細菌の関連を指摘したのはマーシャルとウォーレンだけでなく、すでに世界中で何人もの研究者が唱えていた。しかし研究結果が出るたびに、「胃液の溶解力は塩酸にも等しい。そんな環境で何カ月も細菌が生き続けられるわけがない」と反論され、**少数派の一意見で片付けられていた**。

立ちはだかるコッホの四原則

しかしマーシャルは賭けに出た。らせん系細菌を「ヘリコバクター・ピロリ菌」と名付け、ブリュッセルで開かれた第二回国際カンピロバクター感染ワークショップで、この説を発表したのである。

ちなみに、「ヘリコバクター」はらせん形を意味する「ヘリコイド」と、細菌を意味する「バクテリア」を掛けた造語で、「ピロリ」は胃の出口にあたる「幽門」のことを指す。つまり「幽門あたりに存在する、らせん形の細菌」という意味となる。

さて、「ピロリ菌が胃炎の原因」という仮説を提唱したマーシャルだったが、専門家たちの反応は冷たかった。というのも、彼の説は、細菌が病気の病原体と特定するために必要な**「コッホの四原則」**を満たしていなかったのだ。

コッホの四原則とは、「その病気の全症例に必ず一定の微生物が見つけられる」「その微生物を分離して体外に取り出し培養させる」「分離した微生物を実験的に動物に感染させ、同じ病気を起こさせる」「その病巣部から再び同じ微生物が分離・培養される」という四つの原則のことをいう。

そこでマーシャルは、ウォーレンと協力し、この四原則を満たすべく、実験と研究の日々に突入する。

すでに細菌を観察していたため、1番目の原則は問題なかったが、2番目の培養には30回以上失敗。普通の細菌なら24時間もあれば培養できるはずなのに、ピロリ菌は全く増える気配がなかった。しかし、イースター休暇で5日間放置された培養中のシャーレーを見ると、ピロリ菌は増殖に成功していた。単純に増殖が遅く、培養に時間がかかっていただけだったようだ。

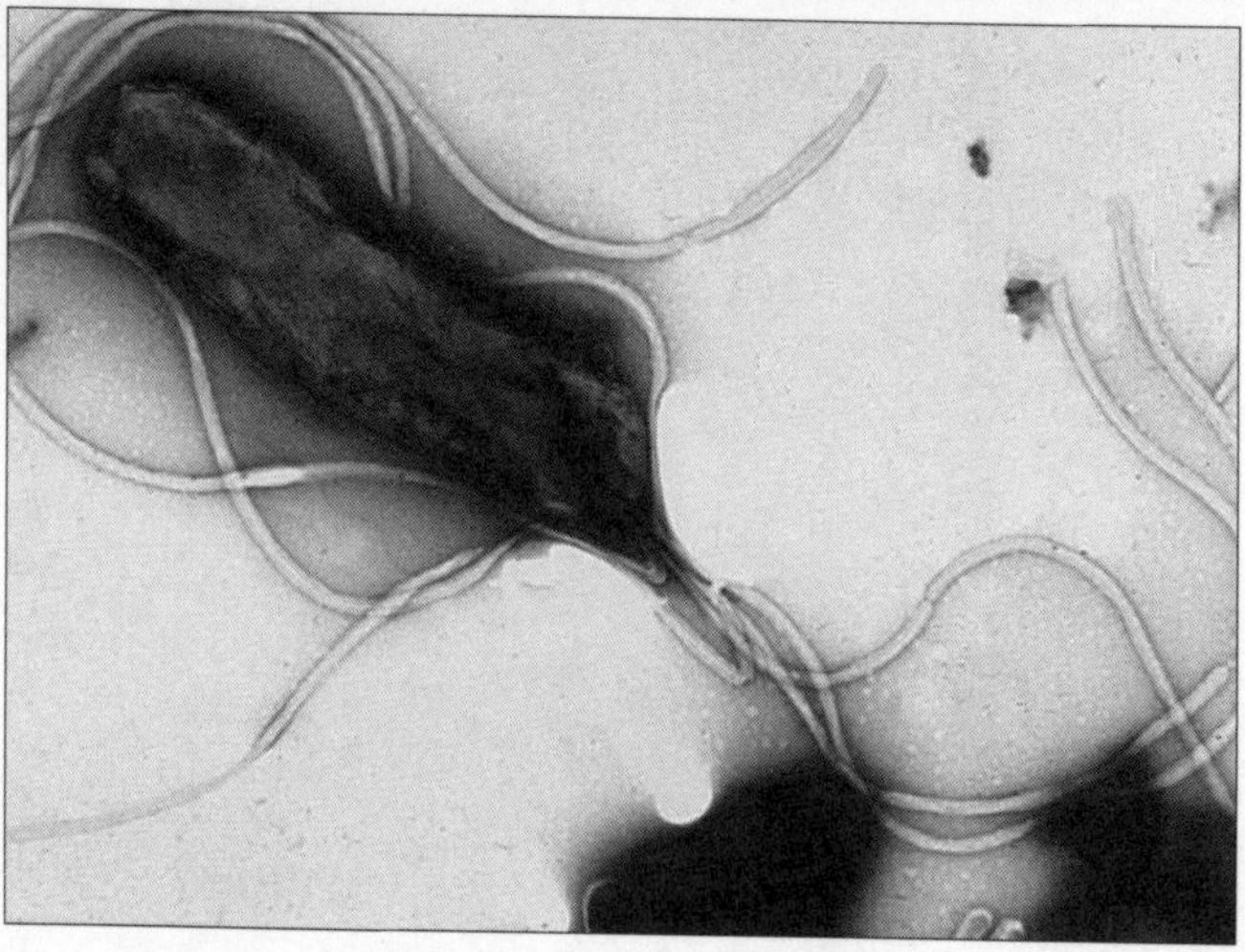

電子顕微鏡で観察したピロリ菌

これで四原則のうち二つはクリアした。しかし、３番目の原則でマーシャルはつまずいた。動物実験でピロリ菌を感染させようとラットで試したが失敗。次に子ブタで実験を行ったが、こちらも失敗し、打つ手がなくなっていった。

それでもマーシャルは諦めなかった。培養に成功したピロリ菌は、ヒトから採取したものだ。それなら、**ヒトの胃で試してみるのが確実**だろう。そう考えたマーシャルは、ヒトでの実験を試みる。しかも、被験者となったのはほかならぬ、マーシャル自身であった。

免疫で治ってしまった胃炎

自らがモルモットになることを決断したマーシャルは、周囲に内緒でピロリ菌を飲みほした。自飲実験から1週間は、マーシャルの体調に変化はなかった。ところが8日目から、粘液を吐いたり、頭痛・イライラを覚えたりと症状が順調に増えていく。そして実験から10日目、胃カメラで検査したところ、マーシャルは狙い通り、急性胃炎になっていたのである。

実験は成功した。これに気を良くした彼は「症状が進み胃潰瘍になれば、しばらく論文の材料に困らない」と、症状の悪化を期待して家族を呆れさせたという。

その後、マーシャルとウォーレンは4番目の条件、菌の分離・培養にも無事成功。**ピロリ菌が胃炎の原因であることを見事証明した。**しかし、胃潰瘍については四原則が立証されていない。なぜならマーシャルの胃炎は自分の免疫で完治してしまい、胃潰瘍にまで発展しなかったからだ。そのため現在でも、抗生物質が胃炎に効果があったとしても、胃潰瘍については懐疑的な学者はいる。

胃炎が完治する時代へ

マーシャルとウォーレンが発見したピロリ菌と胃炎の仕組みは、次の通りだ。

ピロリ菌は「ウレアーゼ」と呼ばれる酵素を発生させる。これが胃粘膜に悪影響を及ぼし胃炎の原因となる。さらにウレアーゼは胃粘液にある尿素を、アンモニアと二酸化炭素に分解する。このアンモニアで胃酸を中和しているため、胃液の中でも生き続けられるのである。

こうして胃炎の原因が科学的に解明され、治療研究に大きく寄与することになったが、一方

マーシャルと共にノーベル医学生理学賞を受賞したロビン・ウォーレン（©Copyright Images are generated by A friend of Akshay Sharma and licensed for reuse under this Creative Commons Licence）

で関心を全く示さなかったのが製薬会社だ。

それまで胃炎を治すには、制酸剤（胃液の酸度を調整する薬）を長期間服用する必要があり、製薬会社はそれで利益を上げていた。にもかかわらず、「胃炎は抗生物質で、しかも数週間で治る」となれば、当然収益は下がる。簡単に治されては面白くないわけだ。

しかし、マーシャルの説を支持する専門家たちの研究も進み、10年以上の歳月をかけてピロリ菌除去による胃炎治療は医師に浸透していった。そして2005年、**マーシャルとウォーレンはノーベル医学生理学賞を受賞**する。

病気の原因をつきとめるためとはいえ、かなりクレイジーといえるマーシャルの実験だが、それによって胃炎の治療に大きく貢献したのも事実である。

1957年8月7日、アメリカネバダ州の実験場で行われた核実験にアメリカ海軍の無人遊泳中の飛行船が巻き込まれ墜落。

第3章 軍事利用のために行われた科学実験

18 ドミニク作戦

【人類を滅ぼす危険性があったアメリカの大気圏外核実験】

恐怖の核開発競争

1945年、原子爆弾開発計画「マンハッタン計画」の成功で、アメリカは世界初の核保有国となり、同時に8月6日と9日の原爆投下で世界唯一の核兵器使用国にもなった。しかし、その後を追うように1948年にはソ連が、1952年にはイギリスが核実験に成功。実戦では使用されなかったものの、冷戦対立は深刻化し、世界は際限なき**核開発競争**に突入した。

アメリカだけでも、1945年から48年の間に実施された起爆実験の数は、実に67回。1958年には1年間で72回も行われていた。

そして、国内での実験開始の翌年、アメリカはついに原爆を超える核兵器の実験に着手した。それが、核融合を利用した「水素爆弾」(水爆)である。核分裂を利用した原爆とは異なり、水爆は原爆を凌駕するエネルギーを発する。1954年の核実験で使われた水爆の破壊力は広島型原爆の約1000倍以上、1961年にソ連が実用化した最強の水爆「ツァーリ・ボンバ」は約3300倍にも達していた。

これら水爆の完成が原因となり、核開発の危険性は一気に高まった。そして、このような核実験の中には、世界に甚大な被害を与える可能

太平洋実験場で行われたフリゲート・バード実験の様子

性のあるものまで含まれていたのだ。

冷戦最大級の核実験

世界の文明が、一瞬にして崩壊する可能性があった実験。それが、1962年から約半年間も続いた**「ドミニク作戦」**である。

この年の前年、アメリカに支援された反政府軍とキューバ革命軍が衝突した「ピッグス湾事件」が起き、米ソ間の緊張はピークに達していた。そうした対立を背景として決行されたドミニク実験は、これまでにない大規模なものとなった。

実験場は太平洋の島々に加えてネバダ砂漠が使われ、過去最大級の実験規模となった。通常の起爆実験が中心だったが、注目すべきはその回数にある。4月から11月までの約半年間に実施された実験回数は、なんと105回。1945年からの実験回数はおろか、1958年の回数を30回以上も上回る過去最大の核実験であった。

冷戦下にこのような実験を行えば、通常ならソ連の警戒心を刺激して、核開発競争をさらに加速させただろう。それどころか、1962年10月にはソ連によるキューバへのミサイル配備問題「キューバ危機」で米ソ間の軍事的緊張がさらに高まっており、核戦争に発展する危険もあった。

だが、キューバ危機ではソ連のニキータ・フルシチョフ首相がミサイルの撤去に応じ、核開発を加速させることもしなかったため、核戦争の危機は回避された。ここでもし、ソ連が弱腰にならず、もしくはキューバ危機が発生せずにドミニク作戦並みの核開発に取り組み競争が激化していたら、世界は21世紀を迎えられなかったかもしれない。

いや、もしかすると、米ソが軍事衝突しなくても、ドミニク作戦の影響で地球そのものに甚大な被害を与えていたかもしれなかった。実は、ドミニク作戦はただの核実験ではなかった。繰り返し行われた地上実験も恐ろしいが、それ以上に**大気圏外の核実験**に大きな危険が伴っていたのだ。

大気圏外核爆発の脅威

地球上で核爆弾を起爆すれば、膨大な熱と爆風で爆心地は壊滅し、周囲も深刻な放射能汚染

ウィーンで会談するソ連のフルシチョフ首相（左）とアメリカのケネディ大統領（右）

を受ける。しかし、宇宙空間では事情が異なる。

地球近辺の宇宙空間で核が爆発しても、空気が希薄なので爆風は起きない。ただし、発生したガンマ線が大気圏に降下する際、空気の分子と反応して強力な電磁パルスを発生させる。巨大なエネルギーを持つ電磁パルスは大電流と大電圧で地球圏の磁場を乱れさせ、**地上の電子機器に様々な悪影響を及ぼす**のだ。人工衛星は電磁パルスの衝撃で破壊され、地上の送電施設も過電流により多くがショートするだろう。そして、対策のない民間のコンピュータ類もダウンし、通信システム、金融、医療、交通や産業までもが大打撃を被るはずだ。

現代社会は電気と通信インフラがなければ成り立たない。もし破壊されたら文明レベルは中世末期まで逆戻りするとの説もある。ドミニク作戦中に起こったかもしれないのは、まさにこうした事態であった。

ドミニク作戦の一部として行われた「フィッシュボール作戦」では、大気圏外で核兵器を起爆させる**「スターフィッシュ・プライム実験」**が実施された。宇宙核実験としてはすでに1958年の「アルガス計画」という前例があり、大気圏外核爆発の悪影響はすでに判明していた。にもかかわらず、アメリカ軍は再度の実験を強行したのである。

その結果、高度数百キロ圏内にある人工衛星が多数破壊され、ハワイ近辺が数時間停電する事態に陥った。磁場の乱れにより、**常夏のハワイでもオーロラが発生した**といわれている。ただ、核兵器は中型だったし、現在ほど通信インフラが発展していなかったため、この程度の被害で済んだのは幸運だった。しかし、より高威力の核が使われていたら、被害も大規模となっただろう。場合によっては電離層やオゾン層が崩壊し、地表に有害な紫外線が降り注いで、太平洋中に深刻な被害を及ぼしたかもしれないのである。

終わらない核開発

ドミニク作戦から1年後、キューバ危機の影響もあって、世界はようやく核兵器の規制に動き出した。1963年10月には米英ソが署名した「部分的核実験禁止条約」（PTBT）が発効され、核実験が正式に禁止された。次いで1970年には、米英ソ中仏以外の核保有を禁ずる「核拡散防止条約」（NPT）が発効。核

スターフィッシュ・プライム実験の様子。大気圏外で爆発した核兵器はハワイホノルルの空を赤く染め、磁場は大きく乱れた。

開発競争に一定の歯止めが掛かり、大規模な実験は以後行われなくなった。

ただ、ＰＴＢＴには地下核実験や核を臨界状態にせず行う臨界前核実験を禁止しないという抜け道があり、ＮＰＴも保有制限は大国のエゴだとして批准しない国が少なくない。

そこで、１９９６年にはあらゆる核実験を禁止する**「包括的核実験禁止条約」**が国連で採択されたが、ＮＰＴが核保有国と定めるアメリカと中国が批准しないので、**２０１６年現在も未発効のまま**である。

当然、穴だらけの規制では核廃止は叶わない。北朝鮮は２０１６年1月に水爆実験の成功を宣言して、一部の地域では小型戦術核の生産も続けられているという。人類の悲願である核の完全廃絶が現実となるには、まだ時間が必要だ。

19 サイボーグ犬開発計画

【米ソ対立で生まれた驚きの動物兵器】

軍事利用される動物

社会に工業化が浸透する前の時代、動物は戦争に利用可能な「兵器」だった。移動手段として世界各国で馬が利用され、紀元前のペルシア帝国やインド方面の各勢力が、象で敵軍と戦ったという記録が残されている。

小型動物でさえも、人間から役に立つと思われれば、軍事的に利用されてきた。その最たる例が「伝書鳩」だ。鳩の帰巣本能を活かして手紙を届ける伝書鳩は、民間でもよく使われていたが、無線技術のない近代初期までは、長距離の伝令方法として、軍でもよく利用されていた。第二次世界大戦中には日本軍が「軍鳩」という名で伝書鳩を利用し、中国方面の陸軍部隊では重宝された。重要情報を運んだ鳩には勲章まで与えられたのだから驚きだ。

ただ、機械技術が発達していた第二次世界大戦の頃には、日本軍のような例はむしろ珍しく、馬や象が本格的に使用されるような時代ではなくなっていた。

しかし、利用できるものはとことん利用しようと考えるのが人間である。大戦中から東西冷戦期において、動物に乗ったり攻撃させたりして利用するのではなく、**機械を組み込んで軍事**

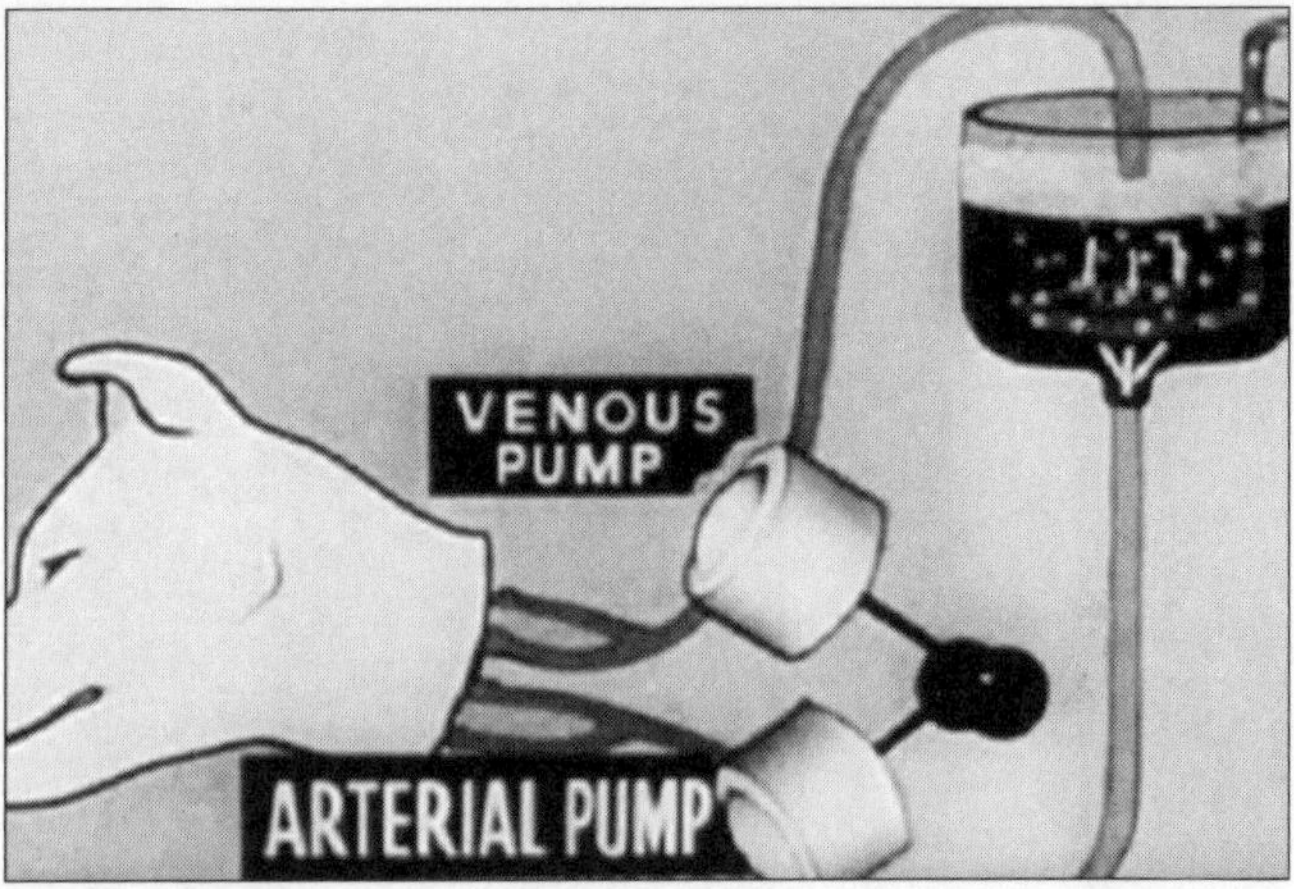

セルゲイ・ブルコネンコ博士による犬の頭部と人工心肺をつなげる実験（画像引用：YouTube「Experiments in the Revival of Organisms」https://www.youtube.com/watch?v=KDqh-r8TQgs）

利用する計画が実行されていたのである。それらの計画で発案された動物兵器とは、一体どのようなものがあったのだろうか？

サイボーグ化された犬

最もユニークな例は、冷戦期のソ連が進めたという**「サイボーグ犬開発計画」**だろう。

1958年、ソ連はアメリカ軍に対抗するため、新型兵器の開発計画を打ち立てた。動物の頭に機械の体を付け、忠実な機械兵に改造するという計画だ。被検体には人間に懐きやすいという理由で犬が選ばれた。そして、犬は「ザ・コリー」と名付けられ、セルゲイ・ブルコネンコ博士の指揮で10年間も開発計画が続けられたという。

ブルコネンコ博士は、1920年に犬の頭部を自作の人工心肺に取り付け、生存させる実験に成功するという実績を持っていた。最終的に開発は中止となるが、一説には起動実験にまでこぎつけたとされてきた。

ただ、開発が本当に順調に進んでいたかどうかは怪しいところだ。現代の技術でも困難な動物のサイボーグ化を、軍事費の膨大に苦しむソ連が実現できたのか。

そもそも計画が明るみに出たのは、2011年に旧ソ連の科学書籍に掲載されたというスケッチ画がロシアのSNSへ投稿され、それをアメリカの雑誌『ザ・アトランティック』が報道したためだが、**計画が実施されたかどうかについては、事実の裏づけが乏しい。**

さらに、ブルコネンコの人工心肺実験についても現在ではトリックだと指摘する声が少なくない。1991年に公開された旧ソ連軍の資料に記述があったということから、計画が存在したことは間違いないだろうが、実施試験にまで持ち込めたかは不明である。

スパイ活動の犠牲となった猫

一方、ソ連のライバルアメリカも負けてはいなかった。アメリカがサイボーグ化したのは、猫だった。犬に対抗したわけではないだろうが、こちらはなんと実用化にも成功している。ただし、ソ連のような機械兵にはせず、スパイ用の道具として利用したのだった。

1960年代にアメリカ中央情報局（CIA）はソ連大使館から情報を盗み出すために、

1960年代、CIAは猫のサイボーグ化に成功し、スパイとして活用しようとした。

猫をスパイに用いる計画を発案した。**「アコースティック・キティ」**と呼ばれた猫は姿かたちをそのままに、耳の付近には盗聴器と電池を埋め込み、傍受した会話の内容は尻尾内部のアンテナを通じて本部へ送信される仕組みだった。

現実離れした計画だが、ＣＩＡは作戦を遂行するため徹底していた。脳の食欲を司る部分を破壊し、任務中に餌を探すのを防ごうとしたのだ。そして、改造を施された猫は、実施試験のかわりに職員の会話を傍受するため、ソ連領事館近辺の公園へと放ったのである。

ところが、ここで予期せぬ事態が発生した。猫が道路へ飛び出し、**車に轢かれて死亡した**のである。この事故でＣＩＡは猫のスパイ化は非現実的と判断して、約１０００万ドルをつぎ込んだ計画は中止が決定した。

こうして猫のサイボーグ化は一匹だけで済んだのだが、もし実験が成功していたら、ＣＩＡは計画をさらに推し進め、数多くの猫が犠牲となっただろう。場合によっては、破壊工作用の爆弾猫まで作られたかもしれない。

兵器化がすすめられた動物たち

もちろん、サイボーグ化計画以外にも、動物兵器の開発は進められていた。時間を第二次世界大戦へ巻き戻すと、ソ連は犬を対戦車用兵器にする計画を立て、爆弾をつけた犬を敵戦車へ特攻させる**「対戦車犬」**を生み出した。

大戦初期に実用化された対戦車犬は、３００輌以上のドイツ戦車を破壊したとされていた。だが昨今の研究では、敵の銃撃に追い払われて、時にはソ連軍戦車を敵戦車と間違えて破壊するという事例が相次ぎ、実際の効果は薄かったといわれている。その説を裏付けるかのように、１９４２年には早くも効果不十分として使用が中止されている。

これに対して、大戦時のアメリカ軍が爆弾としたのはコウモリだった。暗闇を好むコウモリの習性に目をつけたアメリカ軍は、敵地の家屋を密かに攻撃するため、爆弾を装着したコウモリの兵器化を検討する。だが、コウモリの調教は予想以上に難しく、実現性の低さと爆撃機の発達で計画は中止された。

その一方で、突拍子もない動物兵器の開発も進んでいた。**「鳩ミサイル」**だ。

調教した鳩をミサイルに積み、内部のスクリーンに映る敵影をくちばしで突つかせ、その

訓練を受けるソ連の対戦車犬。第二次大戦時に実戦投入されたが、その効果は微妙だったようだ。

動きを感知したセンサーがミサイルを目標へ誘導するという兵器だった。国家防衛研究委員会（ＮＤＲＣ）が心理学者のバラス・スキナーと共同で開発を進めたが、やはり電子機器の発達で研究は中止された。だが、休止期間を挟みつつも、１９５３年まで計画が続行されたのだから驚きだ。

これら以外にも兵器化が検討された動物は多々いたが、現在では機械技術と動物愛護精神の発達で兵器となった動物は皆無である。しかしアメリカ国防高等研究計画局（ＤＡＲＰＡ）では**虫のサイボーグ化**が検討されつつあり、アメリカ海軍では**イルカを機雷や小型船舶の探知に利用**している。とはいえ、人間同士が戦争するのは勝手だが、罪もない動物達を巻き込むことはやめて欲しいものである。

20

超能力者開発実験

【テレパシーは軍事利用することができるのか？】

スターリンが信頼した超能力者

念力で遠くから人や物を操ったり、透視能力で極秘資料を見たりする。そんな能力が自由に使える人間なら、とんでもない「兵器」となるはずだ。コミックの世界ならそんなことを考える人物が出てきてもおかしくないが、実は現実世界においても、**超能力の軍事利用に関する研究が、真剣に進められていた**のである。

中でも、ソ連はこの分野の研究に熱心だった。そしてソ連の超能力研究者として必ずといっていいほど名前が挙がるのが**ヴォルフ・メッシング**である。

透視もテレパシーもお手のものだったメッシングは、当時の最高指導者スターリンの前で超能力を披露。その結果、スターリンに認められ、メッシングは第一次世界大戦中、ドイツとの戦況について予言を任された。メッシングの功績は、その後の研究には直接リンクしていないものの、「超能力」を肯定する要素の一つになっていることは間違いないだろう。

第一次世界大戦が終結すると、テレパシーの研究を行っていた心理学者ウラジーミル・ベヒテレフが、レニングラード大学国立脳髄研究所所長に就任。本格的に超能力の軍事への応用を

ソ連の超能力研究者ヴォルフ・メッシング（左）と彼の能力を間近で見たソ連の最高指導者スターリン（右）

目指し、研究を行うようになったが、第二次世界大戦勃発により、またもや中断してしまうのであった。

ウソを信じて本格化した研究

このように、途切れがちながら続いていたソ連の超能力研究だが、あることをきっかけとして急速に発展していく。そのきっかけは一冊の本がつくった。

東西冷戦が激化していた1960年、フランスで**『魔術師の朝』**という本が出版され、ソ連の研究者に衝撃を与えた。そこには「アメリカ政府が原子力潜水艦ノーチラス号を使い、大西洋の海底とアメリカ本土の間で長距離テレパシー実験を行い、成功した」という内容が記されていたのである。

核や戦艦、戦闘機の開発など、軍事のあらゆる面でアメリカと張り合うべく諜報活動を行ってきたソ連だったが、思わぬ分野で西側の方が先を進んでいることを知る。ソ連を筆頭とする共産圏諸国は焦りを抱いた。

だが、実はこの実験内容は著者たちの創作であり、アメリカのテレパシー実験成功などは嘘っぱちだった。にもかかわらず、これを真に受け危機感を覚えたソ連は、アメリカに対抗すべく、国家予算をつぎ込んで超能力研究を進めていくことになったのだ。

『魔術師の朝』の衝撃から1年後の1961年、レニングラード大学の生理学研究所内に、思考暗示の専門研究室が設立された。ばかばかしいと思う方もいるかもしれないが、研究対象となった超能力者達の何人かは、実験と訓練の末、順調に能力を伸ばしていったとされる。

特に有名なのはニーナ・クラジナだ。彼女は念力能力の開発と訓練を続けた結果、離れた場所から見つめるだけで、カエルの心臓を止める実験に成功したといわれている。

こうした超能力研究の成果は、1968年にアメリカ人とカナダ人ジャーナリストによって書かれた『ソ連圏の四次元科学』という書籍や、1970年に発表された東欧諸国に関するレポート「鉄のカーテンの向こう側の超能力研究」などで公となった。**ソ連をはじめとした共産主義国が、超能力を実戦で利用できる段階まで進めている**という内容であった。

これを受けて、アメリカを中心とする西側諸国は青ざめた。1960年にソ連が『魔術師の

ソ連の超能力者ニーナ・クラジナ（画像引用：YouTube「Real Psychokinesis - Nina Kulagina」https://www.youtube.com/watch?v=4IdihJzEQeg）

朝』に焦ったパターンと、同じような事態が起こったのである。

今度はアメリカの諜報機関ＣＩＡが5万ドルという膨大な予算をかけて超能力研究に本格的に取り組むことになった。そして、１９７２年にはカリフォルニア州の科学研究機関、スタンフォード国際研究所にて遠隔透視の研究を含めた、**超能力諜報作戦「スターゲイト・プロジェクト」**を開始。透視能力などを持つ者や心理学の知識を持った者が集められたのである。

アメリカの試み

スターゲイト・プロジェクトは、超能力部隊を作り、ソ連の軍事兵器を透視で偵察し情報収集することを目的としていた。参加者は意識を敵の基地に飛ばし、潜水艦や大砲の外観、特徴など頭に浮かんだイメージをスケッチする実験で、なんと7割の成功をおさめたという。しかし、やはり**実用化できるほどの信憑性はなかった**。しかも超能力者が都合よく何十人も存在するわけはなく、透視能力者は多い時で6人程度、少ない時は3人しかいなかったという。

結局、CIAはこの研究を1970年代のちに放棄し、「国防情報局」（DIA）が研究を引き継いだ。1978年ごろにはメリーランド州のフォート・ミード陸軍基地でも遠隔透視の研究が始まり、この計画は「ゴンドラ・ウィッシュ」や「グリル・フレーム」とも呼ばれた。

しかし、複数の政府機関が関わった超能力研究も結局は成果を挙げることができず、1995年11月、20年に及んだ計画が打ち切られた。**アメリカは遠隔透視という超能力を軍事に活かすことはできなかった**のである。

治療法か武器か

東西の超能力開発合戦を、軍事発展に怯えた末の暴走と捉える人もいるだろう。

ただ、超能力研究が過熱した1970年代は、精神面への研究が盛んになった時期だった。アメリカでは1960年から1975年にかけて起こったベトナム戦争によって、帰還兵の心理的障害が社会問題となっており、その対処が急がれていた。そうして発達した心理学や精神医学研究が、超能力研究とも遠からずリンクしていると思われる。

一方のソ連も、同じような事情に悩んでい

ベトナム戦争に参加したアメリカ兵たち。帰国後に PTSD で苦しむ兵も多く、早急に心理的障害への対策をとる必要があった。

た。１９７９年にアフガニスタンに軍事介入したことで、傷痍軍人や心理的ダメージを抱えた軍人が急増。ストレス障害を治療する必要に迫られ、ヒーリングや代替医療研究が盛んになったのである。

ソ連の超能力が軍事活用されていたかは不明だが、現在のロシアでは**サイコトロニクス（精神工学）**という名の研究分野が存在しており、これが超能力研究の流れをくんだマインドコントロールの研究だという意見もある。

もし、実際に研究が進み、人工的に超能力を作り出したり、パワーを増幅したりできるようになっていたら、想像しただけでゾッとする。ＳＦの世界のように、私たちがリモートコントロールされているという考えも、あながち冗談ではすまないのかもしれない。

21 フィラデルフィア実験

【ステルス実験で軍艦が瞬間移動した？】

艦の磁場を消し去る実験

極秘扱いの秘密実験には、黒い噂がつきものだ。情報を制限されれば様々な憶測を呼び、ただの噂や推測が真実のように語られることも少なくない。そうした事例の代表が、アメリカの**「フィラデルフィア実験」**である。

時は第二次世界大戦中盤、アメリカ海軍は艦艇表面に発生する**磁場を消す方法**を探していた。磁場の乱れによってドイツのレーダーや磁気感知魚雷に探知される恐れがあり、作戦遂行に支障をきたす可能性があったからだ。現代のステルス兵器に通じる開発計画はこうしてスタートした。

問題は、途方もない電力エネルギーを必要とすることだったが、電気工学の権威であるニコラ・テスラの全面協力で問題は解決した。テスラの開発した共振変圧器「テスラ・コイル」を使えば、効率よく莫大なエネルギーを発生させることが可能とされたからだ。さらにテスラは、自身の開発した特殊電磁器を使えば艦体周辺に強力な電磁バリアーを発生させ、磁気を消し去ることも可能だと考えた。

これを受けて、米海軍はフィラデルフィアの海軍工廠に実験場を置いた。かくして、磁場を

フィラデルフィア実験で使用されたとされるテスラ・コイル

消し去るというアメリカ初のステルス実験は1943年10月に実行に移された、といわれている。

焼失した駆逐艦

しかし、実験は誰もが予想しなかった悲惨な結果を迎えることになる。

実験当日、フィラデルフィアの工廠に用意された駆逐艦**「エルドリッジ」**には、消磁が人体に与える影響を観察するため多くの海兵が乗せられ、実戦とほぼ同じ状況が再現された。

実験が始まると、装置から発生した磁場は艦を扇状に包み込んだというが、当初は大きな変化は見られなかった。だが、数分もすると、艦体周辺に緑色の霧が漂い始め、エルドリッジの姿がぼやけ出して甲板の乗員ですら判別できなくなった。実験の日は晴天で、霧が出るような天気ではなかった。

すると次の瞬間、研究員達は驚くべきものを目の当たりにする。なんと、エルドリッジが一瞬で姿を消したのである。

しかも、消えていた数秒間、フィラデルフィアから約320キロも離れたノーフォーク軍港で、エルドリッジらしき駆逐艦が目撃されたという。話が真実であれば、海軍は**消磁を飛び越え、瞬間移動（テレポート）を成功させた**ことになる。

しかし、研究者たちは実験への参加を後悔したに違いない。検分のために研究者が乗船すると、目の前には荒れ果てた艦内設備が広がっていた。実験装置が全損しただけでなく、羅針盤や各種装備までもが焼け焦げ、まるで艦内に焼夷弾が炸裂したようだったという。

それ以上に衝撃的だったのが、乗員達の惨状だ。ある兵は全身が焼け焦げ、ある兵は体中が凍りついたまま絶命し、中には壁に体がめり込んだまま発見された者もいたという。研究者が見ている前で、姿が消えた水兵もいたらしい。**乗員の大半が異常な状態で死亡**しており、生き残った兵も残らず発狂した。無事だったのは機械室にいた数人の技術者だけだったという。

報告を受けた軍は即座に中止を命じ、二度と惨劇が起こらぬよう実験のデータを全て破棄。あまりの異常さから、実験そのものをなかったことにした。

これが巷で有名な、フィラデルフィア実験の一部始終である。

フィラデルフィア実験によって瞬間移動したとされる駆逐艦「エルドリッジ」。多くの乗組員が異常な状態で死亡し、生き残った者も発狂したというが、不可解な現象に当初から疑問の声が相次いでいた。

信憑性のない実験

衝撃的な内容だが、あまりに現実離れしている一方でこうした疑問も持たれている。

「この実験は本当に行われたのか?」

そもそも、フィラデルフィア実験が公に知れわたった経緯が胡散臭い。事の発端は1956年、民間研究者のモリス・ジェサップが受け取った告発文であった。告発文を送ったのはカルロス・アジェンデと名乗る人物で、彼は海軍にすら同様の文書を送っている。このやり取りが外部に流出したことにより、フィラデルフィア実験は市民の知るところとなる。ただし、アジェンデは軍関係者でもないただの一般人である。そんな彼が、なぜ実験の詳細を知っているかといえば、なんてことはない、ただ偶然、工廠の近くで見ただけ、というのだ。

作家のチャールズ・バーリッツは、詳細を知るためアジェンデと直接対面しているが、実験について質問しても、有益な情報は得られなかった。それどころか、「実験は艦の透明化が真の目的だった。この目で見た」とアジェンデは言い、チャールズが重要機密の出所を質問すると、「高い地位の友人から聞いた」と言う曖昧さ。しかも、高い地位の友人が誰かというのも、はっきり答えていない。要するにアジェンデは、信頼するに値しない人物だったのだ。

こうした告発者の信用度の低さ、そしてアメリカ軍も実験を否定、加えてエルドリッジ自体が実験当日にアメリカ国内を離れていたことが判明すると、**フィラデルフィア実験はデマの可能性が高い**といわれるようになった。

噂が歪めた真実

これまでのような要因から、デマやオカルトと考えて間違いのないフィラデルフィア実験。だが近年では、数多くの証言や情報を分析した結果、実験そのものは行われたとする研究者も少なくない。とはいえ、実験の規模は風説よりも小さく、艦のテレポートや乗員の異常死などの、特別な事態は何もなかったことは確実であるという。

ではなぜ、フィラデルフィア実験が異なる形で語られたのか？　それは先端技術への理解不足で説明できる。一般人が「磁気を消す」と聞いても、当時最先端の技術をすぐに理解するの

1950 年代のフィラデルフィア海軍工廠。この海軍工廠を舞台としたフィラデルフィア実験は、アジェンデの告発内容が信憑性のないものだとわかると、都市伝説だとみなされるようになった。

は困難だ。そこで、艦の姿が消えるという「わかりやすい」理解にいたったと考えられる。

つまりは、こういうことだ。アジェンデは工廠近くで偶然実験を目撃し、それが消磁の実験であることを軍の友人から聞かされた。しかし消磁の知識がないアジェンデは透明化実験だと思い込み、先走って研究者や軍本部へ告発文を送ってしまった。これが、フィラデルフィア実験がオカルト化した経緯だろう。

だが、ジェサップが騒動後に自殺したことや、アジェンデに軍関係者が接触していたことから、「告発文は真実で、アメリカ軍は証拠の隠滅と関係者の暗殺を謀った」「ただのデマなら、なぜ軍関係者が直接動いたのか」と言う人は現代でも多い。一度根付いた都市伝説は、そう簡単に消えないようである。

22 日本海軍のレーザー実験

【アメリカに先んじていた夢の技術】

実用段階に入ったレーザー兵器

光の速さで移動して標的を破壊できる上、発射には特別な技術が不要で、コストも格段に低く抑えることができる。そんな夢のような兵器が「レーザー兵器」だ。

ＳＦ映画やアニメではおなじみの兵器だが、実現はまだまだ先の話だと思っている人も少なくないだろう。しかし、すでに実用段階に入っている可能性が低くないのだ。

２０１４年４月、アメリカ海軍はペルシャ湾で、輸送揚陸艦「ポンス」に搭載したレーザー兵器の発射実験を計画した。実験は同年の９月から11月にかけて行われ、12月には新開発のレーザー兵器「LaWS《ロウズ》」を使って無人機や小型船を破壊する実験に成功。その映像を公開し、２０２０年までに同レーザー兵器を艦隊に導入したいとの考えを示している。

さらに２０１５年12月、米空軍研究所（ＡＦＲＬ）は、戦闘機に搭載可能なレーザー兵器について、やはり２０２０年までに公開が可能となる見通しであることを明らかにした。

そもそもレーザーとは？

アメリカ軍が開発したレーザー兵器「LaWS」（画像引用：Youtube「US Navy's New Killer Laser Gun: LaWS Laser Weapon System Live-fire」https://www.youtube.com/watch?v=jlxugT-QiEI）

そもそもレーザーとは、電磁波を増幅させた上で波長を一定に保ち、放射する装置のことで、そこから生じる光をレーザー光という。あまりピンとこないかもしれないが、私たちの日常生活でもレーザー光は活用されている。例えば、レントゲンをとるために使われるX線や、ライブの演出で使われる可視光、テレビで使われる電波や赤外線など、挙げればきりがない。

ちなみに、身近な場面で使われるレーザー光のほとんどは出力が低いため、身体に当たっても害はないが、目に直接当たった場合などは、最悪の場合、失明にいたる恐れもある。

逆に、出力を大きくすれば鉄などの金属を切断することも可能で、レーザー兵器という場合はこちらの高出力のものを指す。

レーザー兵器の魅力は、第一にその直進性にある。文字どおりまっすぐ進む能力のことだが、じつはこれが砲撃の重要な要素なのだ。

というのも、これまでの機関砲は弾の速度が遅く、重力や風圧の影響を受けて弾道が逸れることも多いため、現場の状況に応じた発射技術が必要だった。しかし、レーザーは光速で進み、重力や風で軌道が曲がることもない。照準を合わせてスイッチを押すだけで、的確に標的に到着する。さらに、電力さえ供給できれば枯渇することはなく、1回照射するための費用も1ドル程度しかかからないとされている。

ただし、レーザーは直進しかできないので、水平線や地平線を越えた標的は狙えない。さらに、膨大な電力を必要とするので、特別な電力源を備えなければならないという欠点もある。

つまり、垂直攻撃は得意でも、水平攻撃は苦手で、現時点でのレーザー兵器は、あくまでも補助兵器の一つでしかないのだ。

日本の殺人光線計画

レーダー兵器の開発をアメリカ軍が始めたのは90年代末だといわれているが、それに先立ち、**「殺人光線」**という、レーザーに似た兵器の開発に着手した国がある。それが日本である。

きっかけは、ガダルカナル沖で行われた一連の海戦やミッドウェー海戦での敗北だ。敗北の原因の一つとして、探知機であるレーダー装備の差があった。高性能な設備を持つアメリカ艦隊に対し、日本軍のレーダーは後れを取っていたのである。

そこで海軍は1943年1月に開かれた「戦

日本海軍のレーザー兵器開発研究を任された伊藤庸二技術大佐。伊藤はZ研究を発案し、電磁波を発生させるマグネトロンという装置の開発研究に取り組んだ。

備考査部会議」で、レーダーを議題として取り上げ、海軍大臣は新規設計と基礎研究を進めるよう2月に指示を出す。託されたのが、海軍技術研究の中枢にいた**伊藤庸二技術大佐**だ。

当初はこの難しい課題にどう立ち向かえばいいか伊藤も頭を悩ませたが、方向性を変えてある研究を発案した。それが**「Z研究」**である。

Z研究は、数メガワットという大出力マイクロ波を「マグネトロン」という装置で発生させて敵機に放射し、エンジンや電気機器を狂わせて撃墜するという研究である。レーザーと違って直進性はないが、電磁波で攻撃をするという発想は同じである。

マイクロ波は電波に分類される電磁波で、可視光線や赤外線より波長は長い。そのため鉄を透過することはなく、高出力ならばそのエネルギーで機器だけでなく、人体の細胞も破壊できる。ちなみに、現在の「電子レンジ」に利用されているのもマイクロ波である。

　この研究開発計画が受け入れられ、1944年にZ研究専用の研究所「海軍技術研究所島田実験所」が静岡県島田町（現・島田市）に開設された。そこには200人以上の科学者が集められたとされ、**戦後にノーベル賞を受賞する湯川秀樹、朝永《ともなが》振一郎《しんいちろう》両博士も講義に訪れ、秘匿のうちに研究開発は進められた**。

　そして同年に周波数3ギガヘルツ、出力500キロワットのマグネトロン第1号実験機が完成。ハツカネズミやウサギなどの小動物を使った照射実験も行われたとされているので、殺人光線としての活用も考慮に入れられていたのだろう。

戦後に活かされた技術

　では、マグネトロンは効果を挙げたのだろうか。結論から言うと、**マイクロ波の軍事利用は失敗した**。日本によるレーザー研究以前にも、イギリスがマイクロ波を軍事利用しようと大出力マイクロ波を敵機に放射する研究を開始していたが、無線通信・レーダーの研究家で、連合国側の防空レーダー発明者であるワトソン・ワットは、マイクロ波でパイロットを負傷できるかどうかを問われて、「科学的に不可能である」と否定している。

　兵器利用が検討されているとはいえ、マイクロ波で人体に影響を及ぼすには、かなりの工夫と出力が必要だ。しかも500キロワットとい

Ｚ研究に参加したといわれる湯川秀樹（左）と朝永振一郎（右）

えば、当時の駆逐艦２隻分の発電力を上回る。伊藤大佐の理論は事実上不可能であり、伊藤自身も戦後に出した著書『機密兵器の全貌』の中で、**「本質的に非なりしや、時期的に非なりしや**（本質的には不可能、時期的にも不可能）」と記している。

伊藤は兵器としての活用が不可能であることを知りつつ、研究にいそしんだのである。それは終戦後の日本を見越し、開発した技術を社会に役立てる意図があったとも考えられる。

事実、戦後間もなく残された資料を基に、「コーヒー豆焙煎機」がつくられ、実際に銀座や新宿の喫茶店で使われたという。また、電子レンジの開発にも役立てられたとの説もある。伊藤をはじめとする島田実験所の研究はムダには終わらなかったのである。

23 ガスマスク開発

【毒ガスを自ら吸った科学者の研究】

非人道的な毒ガス兵器の誕生

１９１５年４月、第一次世界大戦中に毒ガス兵器が初めて、ドイツ軍によって使用された。黄緑色の毒ガスは走っても逃げ切れないほどのスピードで広がり、風下に位置する連合国軍に襲いかかる。そして、毒ガスを吸い込んだ兵士の多くは肺の粘膜が剥がれ、それが気管に詰まり窒息状態に陥った。連合国側の陣営は、この大量殺戮兵器に対する知識も備えもなく、攻撃が続けば部隊の壊滅も必至だった。そんなとき、１人の科学者が遺体の検分を行い、「これは塩素ガスによるものだ」と毒ガスの種類を特定した。その男の名は**ジョン・スコット・ホールデン**、イギリス出身の医師であった。

その後、ホールデンは、戦場にある有り合わせの道具で応急の対処を行う。**「ガスマスク」を製作した**のだ。

ハンカチに土を詰めたものや、瓶の底を抜いて湿らせた布を敷き詰めたものなど、原始的なガスマスクではあったが、兵士たちの肺を幾分かは保護することはできた。毒ガスの成分をよく知っていたからこそできた対策だが、その知識を身に付けるためにホールデンが行っていた調査は、危険極まりないものだった。

ガスマスクを開発したイギリスの科学者ジョン・スコット・ホールデン。第一次大戦の戦場で即席のガスマスクをつくったのち、本格的な開発に取り組んだ。

有毒ガスの味見をした学者

生理学者でもあったホールデンは、第一次大戦前から空気中の物質が呼吸に及ぼす影響について調査を行っていた。その研究のために赴いたのは、悪臭の漂うスラム街の住居や下水処理場、また硫化水素が発生し死者が出たばかりの事故現場など、不衛生で命の危険も伴う場所が多かったという。

中でもホールデンにとって最適の研究場となったのが、**「坑道」**であった。当時の坑道では、有毒ガスによる爆発事故が頻繁に起こっており、そのたびにホールデンは現地に向かいガスの特定調査を行っていたのである。

問題はその調査方法で、なんとホールデン

は、**坑道の排気管から漏れる有毒ガスを直接吸い、その「味」でガスの種類を判別していた**のだ。また、その吸引時間の目安も「これ以上耐えられない、と思った時まで」という大胆を超えて無謀なものであった。

そのため、彼のレポートには、「目がかすむ」「手足に力が入らない」など不穏な言葉が並ぶことになる。事前にマウスにも吸引させていたが、マウスは人の約20倍の速度でガス交換を行うことから、「マウスが1分間死ななければ、人間も20分は大丈夫だろう」と、またもや大雑把な判断でガスを吸っていたという。

だが、この方法がきっかけで、後に坑道に入る際には毒ガスに敏感なカナリアを連れていく習慣が生まれることになる。

このように、ホールデンはあらゆるガスを吸い込み、その後に自分の身体に発生する症状や、血液データなどを克明に記録していたため、戦場でも兵士が倒れた原因を突き止めることができたのであった。

ガスマスクの開発へ

ドイツ軍による毒ガス攻撃が実施されてから、ホールデンは防毒マスクの開発が急務となった。研究場所は当初、自宅の屋根裏部屋であったという。

ホールデンは自宅に気密性の高い実験室を作ると、そこに塩素ガスを満たし、ガスマスクのテストを行った。家族は屋根裏から、ホールデンが咳き込んだり嘔吐したりする声を、始終聞かされる羽目になったという。

第一次大戦時に各国が使用したガスマスク

やがてホールデンは、仲間とともにフランスに研究所を設立。そこでも、マスクを着用した兵士が戦場で任務を遂行できるかを調べるため、ガス室で運動をしたり、さらには、様々な濃度の塩素ガスをマスクの装着なしに吸引して人体への影響を調べたりするなど、**一歩間違えれば死に直結するような実験を行っていた**。

実際、１リットル中に塩素が０・25ミリグラム含まれている空気を30分吸えば死亡する危険が高く、また現在でも、塩素系と酸性の洗剤を誤って混ぜたため、塩素ガスが発生し使用者が中毒死する事故も起きている。このような物質を連日浴び続けたため、ホールデン以外の研究員も肺を損傷し、数日間寝込むこともあったという。

だがその甲斐あって、ついにホールデンは塩素ガスに耐えうるマスクの開発に成功。そして、マスクは1日に7万個のペースで製造されるようになり、前線にいる数千人もの兵士の命を救うことになった。

偉大な功績を残したホールデンは、1936年に75歳で肺炎を患い死亡した。最後まで、坑道内の照明や換気に関する研究を続け、労働現場の衛生問題に取り組んでいたという。

研究室で死ぬのも本懐

一方、日本にもホールデンのマスク開発と時期を同じくして、毒ガス研究に取り組んだ学者がいた。後に東条英機内閣の厚生大臣となる陸軍軍医学校教官、**小泉親彦**《こいずみちかひこ》である。

アメリカやイギリスと同じく、第一次世界大戦時に連合国陣営に属していた日本でも、ドイツ軍の毒ガス攻撃の報告が入ると、その脅威を取り除くための対策が講じられることになった。

日本軍が開発した初期の防毒マスクは、フィルターとして木炭を使用していた。しかしそれは、装着しているうちに炭の粒が砕け、顔じゅうが真っ黒になるような代物だった。そこで、小泉を中心にマスクの改良計画が実施され、その耐久性がテストされることになったのである。

小泉は部下に危険が及ぶことを案じ、ひとり塩素ガスの充満している気密室に赴いたが、ここで思わぬトラブルに見舞われた。**実験を無事に終えマスクを外したところ、部屋の排気装置が作動せず、小泉は中毒状態に陥り意識を失ってしまった**のだ。なんとか一命は取り留めたものの、後遺症の残る可能性もあり入院すること

日本でガスマスク開発に取り組んだ陸軍軍医学校教官・小泉親彦。日本軍のマスクを改良し、塩素ガスに対応できるように発展させた。

になった。それでも、マスクは水準をクリアしていることが確認されたため、小泉は医務室に寝泊まりしながら生産の指揮にあたったという。

当時33歳だった小泉は**「軍人が戦場で死ぬのが本懐なら、研究者が研究室で死ぬのも本懐」**と言い、やがて2万個以上のマスクの製造に至る。ホールデンに負けない気骨が小泉にもあったようだ。

このようにして、塩素ガスへの対策は日英とも完成を見た。そしてその後、ヨーロッパ戦線で塩素系でもより毒性の高い「ホスゲン」や、無色で匂いが少なく、敵に毒ガスの存在を気付かせない「マスタードガス」などが次々と開発・使用され１３０万人に及ぶ負傷者を出すと、ガスマスク開発も各国で盛んになっていったのである。

24 プロジェクト112
【自国の兵士を実験台にしたアメリカの生物化学兵器実験】

禁止されたはずの化学兵器

1925年、スイスのジュネーブにて、国際条約「ジュネーブ議定書」が締結された。世界初の**毒ガスを含む生物化学兵器の使用を禁じた条約**である。

1914年に勃発した第一次世界大戦は、戦車や航空機など、工業力を背景にした新兵器が登場した戦争として知られているが、生物化学兵器が初めて大規模使用された近代戦としても有名だ。

当時、世界最大の工業国であったドイツは、硬直した戦局を打破するべく、工場で余剰ストックされていた塩素ガスの兵器利用を考案した。大戦中でも毒ガスの使用は「ハーグ条約」で禁止されていたが、ドイツはこれを無視したのである。

科学者のフリッツ・ハーバーに命じて製造された約500トンの毒ガス兵器は、1915年4月22日のイープル戦線で約1万4000人のフランス兵を死傷させた。この事件はドイツ側と連合国との間に熾烈な生物化学兵器の開発競争を生み、終戦までに使用された兵器の数は約30種類。総量は確認できるだけで約1万3500トンを数え、死傷者は約130万

第一次大戦時、ドイツ軍の毒ガスの被害を受けたイギリス軍兵士たち

人になるとされている。

こうした惨劇への反省として、1925年に結ばれたのがジュネーブ議定書だった。しかし研究と保持を禁じなかったこと、そして日米のように批准を拒んだ国がいたことで、第二次世界大戦中にも多くの国々で開発研究が続行された。そうした国々の中には、冷戦期となっても密かに研究を続けた国家があったのである。その国家というのが、なんとアメリカだった。

日本が標的だった

第一次世界大戦で毒ガス兵器を使用したドイツに対抗すべく、アメリカも同時期に毒ガス研究に取り組んだ。その結果、新型のびらん性ガス（皮膚を爛れさせる性質の毒ガス）**「ルイサ**

イト」を開発し、防毒マスクの改良で兵士の防護にも成功した。

こうした成果を簡単に捨てられるはずもなく、大戦終結後は**化学兵器拡散防止を唱える裏でさらなる増産に取り組んでいた**。敗戦したドイツの技術は連合国に流出し、そのデータを元にアメリカは改良と増産を続けていたのである。

そして、毒ガス兵器の製造は太平洋戦争時も続いていた。全国各地に工場が設けられ、マスタードガスを中心に兵器が量産されたのである。

中でもアーカンソー州の工場は、当時最大規模の毒ガス生産施設として知られ、この工場を含めてアメリカとイギリスで生産された毒ガスの量は約500万トン。これらはドイツ軍の毒ガス攻撃に備えて蓄えられたが、実は日本への攻撃に使用される可能性もなくはなかった。

というのも、日本は泥沼化した日中戦争を打開しようと毒ガス攻撃を行っており、アメリカの反感を買っていたのだ。

その証拠に、アメリカ政府は日本への対抗手段として毒ガス攻撃も辞さない構えをとり、1942年6月と翌年には、日本軍と同等の手段で報復すると警告文を送っている。

幸いにも、アメリカの毒ガスは実戦投入されなかったが、1943年12月にはマスタードガスを輸送中のアメリカ貨物船がイタリア南部でドイツ軍の空爆を受け、流出したガスで617人が死傷している。これが確認されている中で唯一の、アメリカ製ガスによる被害である。

米兵を実験台にした計画

ルイサイトを開発したアメリカの化学者ウィンフォード・リー・ルイス。ルイサイトという名称は彼の名にちなんでつけられた。ルイサイトには即効性があり、触れると激しい痛みを感じる。

大戦中に開発された日独の毒ガスと製造技術は、ほとんどが米ソに押収された。その後冷戦構造が深刻化すると、枢軸国の遺産による東西の化学兵器開発競争が激化することになる。

その裏で、アメリカ軍はある恐ろしい実験を進めていた。実験の名は**「プロジェクト112」**。60年代初頭にエッジウッド基地で実施された、毒ガス開発実験である。

毒ガスを製造するうえでは、効果を確認するため動物で使用試験をすることがある。しかしアメリカ軍が実験体としたのは動物ではなかった。なんと**自軍の兵士だった**のだ。

集められた兵士たちに毒物実験であることは知らされず、彼らはいくつかのグループに分けられて薬物を投与された。投与された薬物は、サリンなどに使われる低濃度の毒物だったという。また、航空機から少量のガスを噴霧して影響を調べる実験も行われた。

では、そのような毒物を摂取し続けたらどうなるのか？　実験に参加した元兵士によれば、数時間で意識が朦朧とし始め、やがて体が震えだし、手足に刺す様な痛みが走り出す。そして意識を失えば何日も目覚めないこともあり、常に酷い倦怠感に襲われていたという。

このような症状は逐一観察されており、明らかに危険であったが、**兵士が中止を願い出ても、上官が聞き入れることはなかった。**

死者は出なかったというが、兵士を実験体に開発された毒ガスの総量は約1万3000トン。完成品は対ソ戦用に備蓄されていたのだが、その保管場所に選ばれたのが、なんと沖縄だったのである。

未だに眠る冷戦の遺物

60年代を通じて実行された毒ガス実験は、ベトナム戦争の反戦運動と、26人の負傷者を出した1969年7月の沖縄サリン流出事故の煽りを受けて、1970年までに中止が決定。沖縄の貯蔵ガスも71年に撤去された。

そして、1975年のジュネーブ議定書の批准、冷戦後の1997年に発効した「化学兵器禁止条約」への加盟でアメリカの毒ガス開発は終了し、その他の生物化学兵器も大部分が破棄されたという。

だが全てが終わったわけではない。アメリカが裏で生物化学兵器の研究と生産を続けているという噂は後を絶たず、陸軍感染症医学研究所

毒ガス流出事故を受けて、沖縄の周辺住民はガス備蓄施設の撤去を要求。同時期に発生していたアメリカ兵による犯罪事件の影響もあって暴動も発生した。

にも、生物兵器に応用可能な病原菌が多数保管されている。さらに、プロジェクト１１２の被験者達は今でも後遺症に悩まされ、２０１３年には政府との訴訟問題に発展している。

だが、**最大の問題は破棄された化学兵器の行方**だ。

海中に投棄された毒ガスは容器破損による流出が懸念されており、隠れて不法投棄されたガスがないとも言い切れない。日本の例になるが、２００３年８月に中国のチチハルで旧日本軍の毒ガスが発掘されて44人が死傷する事件が起きている。アメリカの毒ガスが、同様の事件を起こさないとは限らないのである。

大戦時から冷戦期にかけて作られたアメリカの負の遺産。それらが現代の人々に被害を与えぬことを、ただ祈るばかりである。

25 食糧不足をもたらす実験

【米軍が沖縄で行っていた農作物向けの細菌実験】

食糧不足が招く恐怖

古代の世から世界各地で食物を奪い人間を苦しめてきた現象。それが「飢饉」である。

飢饉は様々な異変の影響で極度の食糧難に陥り、民衆が大量に餓死する現象をいう。何が原因となるかは状況によって異なるが、多くは超大型地震や火山噴火などの大災害、もしくは害虫の異常発生に疫病の蔓延で農地が壊滅して発生する。そうしたことから天災の一種と考えられていたが、インフラの未整備や救済制度の不備も被害拡大を招くことが判明しているので、現在では人災の要素もあるとされている。

日本で言えば、浅間山の噴火と記録的冷害で10万人以上の餓死者を出した江戸時代の「天明大飢饉」、ヨーロッパでは、主食のじゃがいもが疫病で壊滅したことにより、餓死者が100万人を超えたというアイルランドの「じゃがいも飢饉」が有名だ。

先進国では過去の現象となってはいるが、農業が壊滅し、援助もしにくい紛争地域では現代でも度々発生し、人々を苦しめ続けている。恐ろしい現象だが、歴史の中では、この**飢饉すら戦争に利用しようと考えた国が存在した**のである。

アイルランドにたてられたじゃがいも飢饉を追悼する像

疫病を利用した実験

飢饉は民衆を飢えで苦しめるだけでなく、難民の発生や村落の機能不全で社会基盤をも揺るがしかねない。だが、悪知恵のはたらく研究者はこう考えた。

「戦争時に飢饉を人為的に発生させれば、少ない戦力で相手国を屈服させられる」

そんな計画を企てたのが、東西冷戦中のアメリカだ。そして**その実験場とされたのは、当時、アメリカの占領下にあった沖縄だった。**

事が公になったきっかけは、2014年1月12日に日本の共同通信の行った報道にあった。報道によると、アメリカの情報公開制度を利用して入手した軍の文書を調べた結果、1960

年代の沖縄で、生物兵器実験が実施されたという事実が判明したのである。

通常の生物兵器は、改良した悪性ウイルスや細菌などで、人間に被害を与えることを目的とする。ところがアメリカがターゲットとしたのは、人間ではなく農作物。中でも、アジアの広い地域で主食とされている**「米」**だった。

米を効率的に壊滅させるため、アメリカが利用したのが**「いもち病」**だ。穂や葉に付着した「いもち菌」が内部へ侵食していき、イネを壊死させる病で、田畑を丸ごと壊滅させるほどの感染力から稲作社会で恐れられている。日本では1679年、中国でも1637年から記録に登場していたが、米が主流でないヨーロッパでは確認が比較的遅く、最も記録が早いとされるイタリアでも1891年だった。

現在でこそ農薬の進歩で予防可能になったものの、症状が確認された国は85カ国にも上り、現在でも不作の原因になることが珍しくない。

では、アメリカ軍がこの恐ろしい威力を持ついもち菌を利用して生物兵器をつくろうとしたのはなぜだろうか。それは、拡大を続ける共産勢力に対抗するためだった。

飢饉発生を利用した支配

60年代のアジアは、ソ連の影響で共産国家が次々と成立し、西側諸国の影響力が弱まっていた時期だった。そこで、アジア全土の共産化を危惧したアメリカ軍は、支配権を取り戻すべく、内戦への軍事介入を始めとして様々な手段を講じる。その一環として計画されたのが**食の**

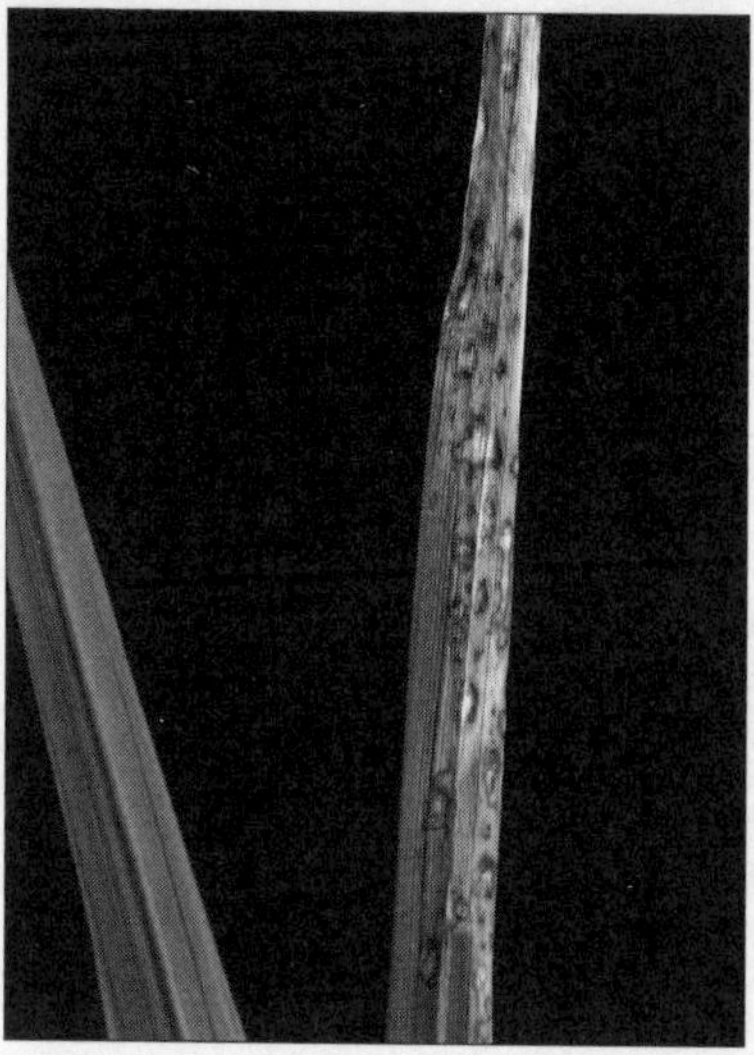

いもち病に感染したイネ。茶色く変色し、まだら模様が広がっている。（©Copyright Images are generated by A U.S. Department of Agriculture and licensed for reuse under this Creative Commons Licence）

支配だった。

まず、反米国家の水田地域にいもち菌を大規模に散布して、農業を壊滅状態に追いやる。そうなれば、米の生産量は激減して、国内は食糧難に陥る。飢饉が発生する可能性も、決して低くはない。

現在ならば、世界的な支援で大量餓死は避けられるだろうが、当時は冷戦の只中。周辺諸国は内戦や革命の影響で支援どころではなく、ソ連の援助はアメリカ軍が裏で妨害する。そうして国内が混乱しきったところで、アメリカが食糧支援を持ちかけるのだ。しかもタダで与えるのではなく、**アメリカへの服従**を条件として、だ。国家全体が飢えた中小国にこれを跳ね除ける力はなく、その国はアメリカ陣営に付かざるを得ない。仮に拒否したとしても、経済の停滞で反米国の力を削げる。どちらに転んだとしても、アメリカに損はないというわけだ。

こうして、飢饉を利用したアジア支配を確立するべく、アメリカ軍はいもち菌の兵器化実験を60年代初頭から繰り返していたのだが、共同通信の文書によれば、なんと沖縄のアメリカ軍は、実験施設ではなく**民間の水田にいもち菌を撒いてデータを収集していた**というのである。

いもち菌の散布が、沖縄の農家にどれだけの被害を与えたかは未公表だが、2年間の実験結果は政府を満足させるものだったと言われている。沖縄での成功で、アメリカ軍はさらに80カ国以上で実験をしたとされ、その結果、いもち菌を効率的に運用すれば、1年で6000万人分の農作物を喪失させ、アジアの多くの地域を飢餓状態にできるとされたという。

アメリカの生物兵器開発

いもち菌の軍事研究は、冷戦期にアメリカ軍が行った非人道的実験の一部でしかない。先に紹介した過去最大規模の核実験「ドミニク作戦」や毒ガス実験を行い、さらには実際の戦場で化学兵器を使用しているのだ。

それが、ベトナム戦争で実施された「枯葉剤作戦」だ。強大な軍事力をもつアメリカであっても、ジャングルの多いベトナムでの戦闘は苦戦続きだった。アメリカ軍と対立した北ベトナムや南ベトナム解放民族戦線（ベトコン）の兵士が紛れ込み、ゲリラ戦で攻めてくると、地の利を得ないアメリカ兵に打つ手はなかった。

そんなベトナム兵を炙り出すために、アメリ

ベトナム戦争において、ジャングルに枯葉剤を撒くアメリカ軍

カ軍はジャングル一帯へ除草用の枯葉剤を散布するという強硬な手段に出た。しかし、結局アメリカの勝利は叶わず、それどころかジャングルと農場を汚染し、アメリカ兵を含む軍人や現地の人々に健康被害を与え、奇形児や障害児の出産を激増させるという結果になった。

アメリカの生物化学兵器開発は60年代末まで続いたが、70年代初期からの各種禁止条約の締結で中止を余儀なくされた。いもち菌による飢饉誘発計画も破棄されて、研究用の菌は全て処分したことになっている。

現在、生物化学兵器に世界一厳しい国と呼ばれるアメリカであるが、見てきたように冷戦初期はむしろ自ら率先して研究開発を推し進めていた。その暗い歴史への反省があったからこそ、現在の評価に繋がっているのだろう。

26

細菌兵器開発実験

【戦前の日本で行われた恐怖の人体実験】

防疫技術を利用した731部隊

戦場での死因といえば、砲撃や銃弾による戦傷死を連想するのが一般的ではないだろうか。だが20世紀初頭までの戦争では、遠征先での風土病や、不衛生な集団生活のために発生した**伝染病**などが原因で、病死者が戦死者を上回るケースが珍しくはなかった。

実際、日清戦争で死亡した日本兵約1万4000人のうち、赤痢やコレラなどの伝染病で亡くなった兵はおよそ1万2000人。つまり9割近くが病死であったと言われている。

この事態を重く見た軍部は、各国に先駆けて前線兵士の健康管理を徹底させ、日露戦争では、下痢や腹痛に効果のあるクレオソート剤を兵士に配布するなど、衛生面の充実を図った。ちなみに、配布されたクレオソート剤は市販もされ、製品名が「征露丸」、現在の「正露丸」である。

だが軍部には、その優れた防疫技術を軍事利用しようとする者もいた。疾病を防ぐ手段を熟知していれば、敵地に病原菌をばら撒き、兵力を弱体化させることも可能なはず、と考えたのだ。そこで、兵器に転用可能な細菌の研究を行うため、石井四郎軍医中将率いる**「731部隊」**

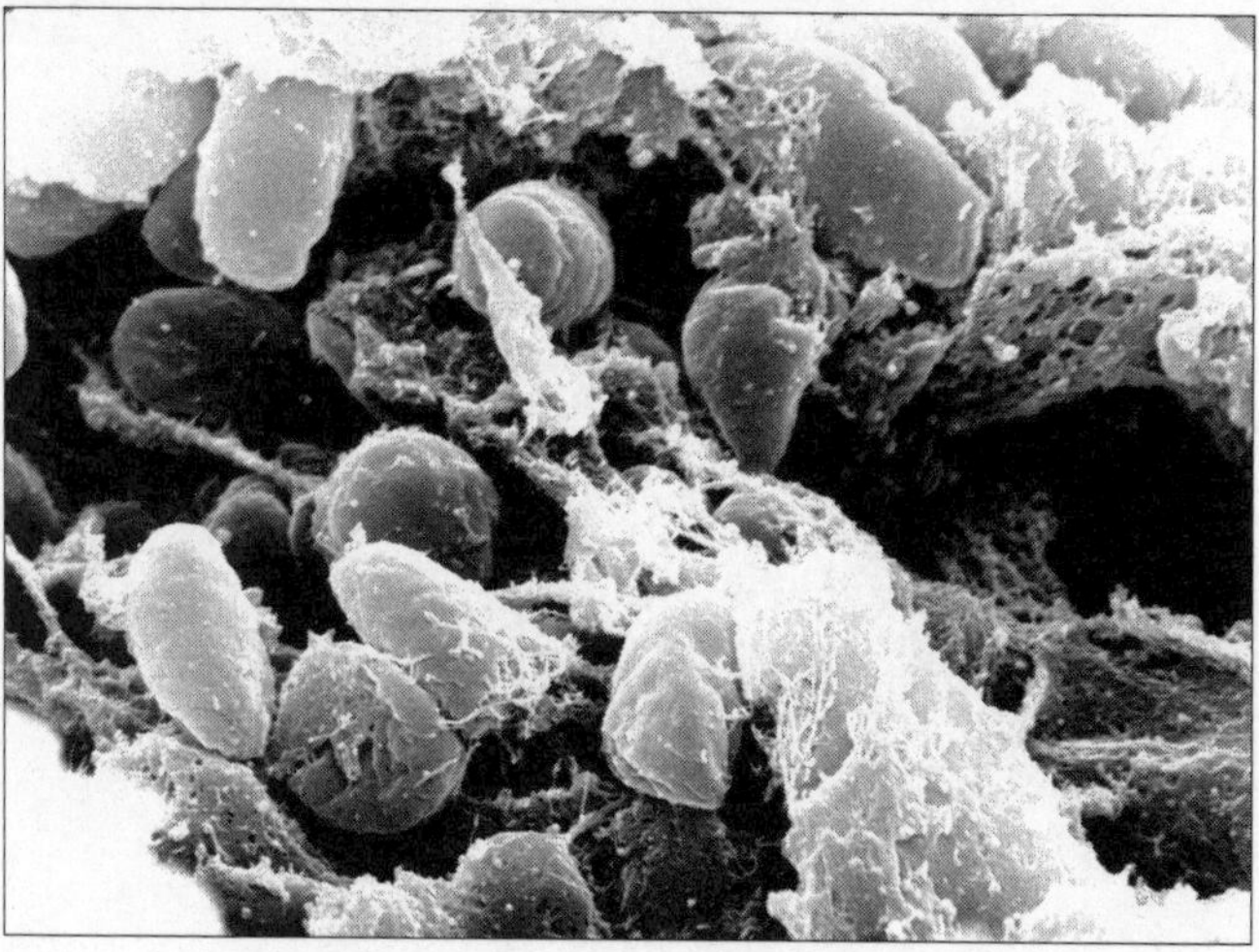

731部隊を率いた石井中将が目を付けたペスト菌

が設立されたのである。

細菌兵器の開発に向けて

731部隊という名称は秘匿名である「満州第731部隊」の略で、正式名称は「関東軍防疫給水本部」という。表向きには「感染病予防と水の浄化の研究機関」の看板を掲げていた。

部隊長である石井は1928年から欧州の視察に派遣されたが、彼はヨーロッパの細菌兵器開発から**「ペスト菌」**が除外されているのに目を付ける。ペスト菌はノミなどを媒介して人に感染すると、**リンパ節の腫脹や高熱、やがて敗血症などの症状を引き起こし最悪の場合は死に至らしめる病原菌**だ。14世紀に大流行したペストによって人口の約3分の1を失ったヨーロッパでは、この菌を扱うことに根強い抵抗が残っていたのだろう。

そこで帰国後、石井は「ペスト菌は安上がりで、強力な兵器となりうる」と上層部に進言。案は受け入れられ、東京都牛込区（現・新宿区）に「伝染病予防研究所」が設立される。また、満州のハルビンにも数千人が収容可能な大規模施設が展開されることになった。そして731部隊にも、3500名以上の研究者や軍人が身を投じ、満州に向かったと言われている。

マルタと呼ばれた被験者

石井が描いていた細菌戦とは、「ネズミにペスト菌を注射し、そこにノミをたからせて航空機から敵陣に投下し、伝染病を蔓延させる」などの計画であったと伝えられている。そのためハルビンの施設では、菌の培養などの研究が行われていたが、いずれは敵兵、つまり人間に使うのであるからと、**その殺傷能力は直接人体で試されることになった**。

実験台となったのは、満州各地で関東軍の憲兵隊が摘発した不穏分子や中国人、朝鮮人などの捕虜。菌を注射された被験者は、2日後には高熱が出て、ペストが**「黒死病」**と呼ばれることを証明するかのように手足が壊疽を起こし、全身が黒ずんでいったという。そして、部隊員は被験者の息があるうちに内臓を取り出し、その肉片を増菌培地の入ったフラスコに入れるなどの作業を行っていたとされる。

植え付ける病原菌もペスト菌のみならず、梅毒、炭疽菌、コレラなど多岐にわたる徹底ぶ

ペストに感染して死亡した人々。ヨーロッパではペストの流行で人口が大きく減少した歴史があるため、生物兵器として使用することには抵抗があったようだ。

り。他にも、凍傷予防の研究として、氷点下の中で手足に水をかけたうえ、扇風機を当てて冷却し、凍結した骨を棍棒で砕くなど、常軌を逸した実験が行われていたという証言もある。

これらの実験に使われた被験者は、「マルタ」と呼ばれていた。材木の「丸太」が由来とされ、その名の通り植菌・切断が意のままに可能な人間モルモットだ。部隊員たちも命を落とした被験者を指し、「今日は何本倒した？」という会話を交わしていたという。

そうして**７３１部隊の生贄となった人数は、３０００人以上とされている。**

だが、このような非人道的な実験を行っていたにもかかわらず、石井をはじめ関係者は、戦後の東京国際軍事裁判（東京裁判）で戦犯として裁かれることはなかった。それは人体実験によって得られた疫学的データをアメリカが欲し、その研究資料と引き換えに免責が与えられたからだと推測する研究者もいる。その一方、施設内での人体実験については、内部証言はあるものの公的な文書などの証拠がなく、実験は行われていなかったとする説もある。

1989年には、731部隊の本拠地があったとされる東京新宿区の旧陸軍軍医学校の跡地で60体を超える大量の人骨が発見され、これが「マルタ」ではないか、という見方もあるが実態は解明されておらず、731部隊の実像は闇の中へと消えてしまった。

大学教授が行った生体実験

しかし、悲劇はこれだけでは終わらなかった。**捕虜を使った人体実験が大学病院の教授によって行われる**という事件が起きていたのだ。いわゆる「九州大学生体解剖事件」である。

1945年4月、九州方面を飛来していたアメリカ軍のB29爆撃機が日本軍の戦闘機に撃墜され、生き残った搭乗員9名が拘束されて福岡市にある西部軍司令部に護送された。

そして、司令部が大本営に捕虜の処遇を問い合わせたところ、「情報価値のある機長だけ東京に送り、他は適当に処置せよ」との指示が下った。西部軍司令部はこの「適当に処置」を「処刑」と解釈したが、それを知った九州帝国大学（現・九州大学）医学部の石山福二郎教授らは、捕虜の引き取りを提案する。石山らは当時、薄めた海水を血液代わりに使う「代用血液」の研究に取り組んでおり、その実用化に向け実

実験の舞台となった九州帝国大学の校舎。アメリカ人捕虜８名が人体実験の餌食となり、全員が死亡した。

験台を求めていたのだ。

石山らは麻酔で眠らせた捕虜にメスを入れ、肺などの臓器を摘出した後、海水の混じった代用血液を注射した。捕虜は死亡するが、石山は「捕虜は麻酔を吸って天国へ行った。首を斬られるのに比べれば楽な死に方だ」と語ったという。さらには「どれほどの失血で人は死ぬか」や「脳や肝臓の切除実験」など、生還が望めない残忍な生体実験を次々に行い、結局**８人の捕虜が全員死亡してしまった**。

７３１部隊のケースとは違い、この事件の関係者は戦後、連合国軍総司令本部（ＧＨＱ）に逮捕された。石山教授は獄中自殺を遂げたが、手術に関わった者は横浜軍事法廷において5名が絞首刑、18名が終身刑や重労十数年などの有罪判決を受けることとなった。

NASAが1981年4月に打ち上げたスペースシャトル「コロンビア号」。シャトルの開発や打ち上げには莫大な予算がつぎ込まれ、一度の打ち上げで数百億円以上が消えていった。

第4章 狂気の国家プロジェクトと最新科学実験

27
レーベンスボルン
【アーリア人増加を目論んだナチスの非人道的な交配実験】

ヒトラーのアーリア人至上主義

ナチス・ドイツといえば、ユダヤ人の大量虐殺（ホロコースト）を思い浮かべる人は多いだろう。実際、アドルフ・ヒトラーが１９３３年に政権を握るやユダヤ人への迫害が始まり、毒ガスなどで殺害された人数も６００万人以上に上るとされている。そのヒトラーはナチズム、いわゆる国家社会主義を標榜したが、その根底には**「アーリア人至上主義」**と呼ばれる思想があったと言われている。

事実ヒトラーは人種に優劣をつけ、演説でも「アーリア民族であるドイツ人こそが最も優れた人種であり、世界を支配するに相応しい」と民衆を煽っている。そして、その思想の実現の場として設置されたのが、非アーリア系のユダヤ民族を排斥するための強制収容所などであったと言える。

だがナチスは、一つの民族を根絶やしにするだけでなく、それとは逆に、優れた血統とされた**アーリア人を繁栄させる計画**も進めていた。それが**「レーベンスボルン」**と呼ばれる実験で、そこではアーリア人が組織的に「大量生産」されることになった。レーベンスボルンとは「生命の泉」という意味だが、その名の通り、大量

レーベンスボルンによって生まれた子どもの洗礼

虐殺とは対極の位置にある生殖プロジェクトであった。そして、この実験計画では「1972年までにアーリア人だけで編成された軍隊を600師団創設する」という、壮大な青写真が描かれていたと伝えられている。

狙われたノルウェー人女性

そもそも第一次世界大戦で敗戦国となったドイツでは、多くの男性が戦死したため出生率が激減し、国力の著しい低下を招いていた。そのためナチス政権では、国家の未来のために人口を増やす必要性を、痛切に感じていたのだ。それゆえ、レーベンスボルン計画も、**本来の目的は未婚女性の出産や、生まれた子どもの成育を支援することであった**とされており、専用の施設もドイツ国内に十数か所存在していた。

入所には、「子どもの父親が親衛隊であること」などの要件を満たす必要があったが、施設はナチスの援助で運営されていたため、医療設備が整い、食料も豊富で、入所資格のない女性からは妬みを買うほどであったという。当初は福祉と富国強兵を併合したような面もこの施策にはあったのである。

だが、1940年頃から「アーリア人至上主義」の思想がレーベンスボルンに入り込むと、計画は不穏な様相を呈してくる。ヒトラーが純粋なアーリア人と定義したのは「金髪・碧眼・高身長」といった特徴を兼ね備えた人間であり、彼の望みはその「増産」にあった。そして当時、そのアーリア人的要素を多く持っていると考えられたのが、**北欧系の人種**であった。

そのため、1940年6月にドイツ軍がノルウェーを占領すると、金髪碧眼の女性が半ば強制的にドイツに送られ、やはりブロンドで青い目を持つ親衛隊隊員と性交させられることになった。**そうした過程で誕生した子どもは、1944年までに1万2000人以上とされる**が、これだけの人数を意図的に誕生させたことは、過去にも現在にも例がないだろう。

ナチスによる大量誘拐

だが「十月十日」というように、子どもをいくら組織的に生産したところで、誕生までには性交渉から1年近くの時間がかかり、また子どもに食料を豊富に与えても、そのぶん成長が早まるわけではない。つまり、親衛隊にノル

ナチス総統アドルフ・ヒトラー（左）とナチス親衛隊長官を務めたハインリヒ・ヒムラー（右）

ウェー人女性を宛がって子どもを作らせても、兵士として活用できるようになるには10数年以上の時間がかかるのだ。

そのスピードの遅さにもどかしさを感じていたナチスは、より合理的でかつ非人道的な方法を採ることになった。それは、現に存在するアーリア人的要素のある子どもを各地から集めてくることであった。もちろんそれは、誘拐に他ならない犯罪行為だ。だが、目的のためには手段を選ばないナチスは、**占領下のポーランドやチェコ、フランスなどの国々から金髪でブルーの瞳を持つ子どもを手当たり次第に攫い、施設に拉致していった。**

誘拐された子どもはポーランドだけでも数万人に上り、総計では20万人近くが無理矢理、親元から引き離されたと言われている。中には、成長段階で髪や目の色が変化する子どももいたようだが、そんな「ヒトラーの好み」に合わない児童は、ガス室で殺処分されてしまうこともあったという。

だが、1943年頃からドイツ軍は各ヨーロッパ戦線で敗北を喫するようになり、戦況は徐々に悪化。金髪碧眼の軍団も夢と消えることを悟ったヒトラーは一転、レーベンスボルンの子どもたちの抹殺を命じる。さすがにこの命令には、父親である親衛隊が猛反対。子どもたちも、ガス室送りだけは免れることになった。

独裁者の負の遺産

やがて1945年5月、ドイツは無条件降伏し、ヒトラーも拳銃自殺を遂げる。ドイツ領内に進駐した連合国軍はレーベンスボルンの施設にも足を踏み入れたが、そこにいたのは置き去りにされ、飢えた子どもたちだけであったという。施設を守るはずのドイツ兵は逃亡し、ノルウェー人の母親もその多くは、子どもを置いて故郷へと逃げ帰っていたのだ。収容されていた子どもは大半が自分の母国を知らず、家族の元に帰ることができない状態であった。

戦後、彼らはアメリカやイギリスなど連合国側の家庭に養子として引き取られたが、中には孤児となるほかない子どもも大勢いたとされている。また成長後も、自分の出自がアーリア人の交配実験、ありていに言えば**ヒトラーの妄想の産物によるものであったことを知り、深い絶望感に囚われる者も少なくなかった**という。

またノルウェーでは、親衛隊と性的関係を

1945 年 4 月下旬、ナチス支配下のダッハウ収容所はアメリカ陸軍によって解放され、親衛隊員は殺害された。

持った女性は、裏切り者の烙印を押され、国籍を剥奪されるケースもあり、さらに施設出身の子どもも**「ヒトラーの落とし子」**として、知的障害などのレッテルを貼られ、過酷な差別に晒されることになった。それは優秀な血統を作ろうとしたナチスの思惑とは、正反対の「実験結果」であったと言わざるをえない。

ナチスが唱えたアーリア人至上主義。それはもちろん何の科学的根拠もない思想だ。ヒトラーがこのようなイデオロギーに憑り付かれたのも、彼自身の「黒髪・小男」という冴えない容姿に対するコンプレックスの裏返しではなかったか、という見方もある。いずれにしても、この歪んだ思想の実験に翻弄された人々が、その後の人生にも拭い難い傷を残すことになったのは間違いない。

28 メンゲレの双子実験

【アウシュビッツで行われた虐殺実験】

ヒトラーに心酔した医師

毒ガス実験、細菌感染、強制断種——。

ナチスドイツの人体実験の数々は、最悪の戦争犯罪として今も恐れられている。そうした実験に携わった研究者で、最も有名な人物が**ヨーゼフ・メンゲレ**である。

メンゲレは、農業機械の製作会社を営む父の下に生まれた。非凡な才から将来を期待され、本人も医師になることを夢見ていたが、ある人物がきっかけでその人生は波乱に満ちることになる。その人物こそ、ナチス・ドイツの総統アドルフ・ヒトラーであった。

ヒトラーは政権奪取後、「穀物価格安定法」や「世襲農場法」を制定するなど、農業改革に着手。これをメンゲレの父が歓迎したことで、彼もナチス党に興味を持ち始めた。さらに、大学卒業後に師事した遺伝学の権威フェアシュアー博士が熱狂的なナチス支持者だった影響を受け、いつしかメンゲレ自身もヒトラーに心酔するようになっていた。

そうした心境の変化に伴い、医師になるメンゲレの夢は途絶え、ナチス党員となりヒトラーに貢献することが新たな目標となる。そして、その目標を実現するためメンゲレはナチスの武

アウシュビッツ強制収容所でユダヤ人に人体実験を行った科学者ヨーゼフ・メンゲレ。ヒトラーに心酔し、ナチスの思想にどっぷり浸かっていた。

装親衛隊（ＳＳ）へ入隊。配属先は、ユダヤ人大虐殺の舞台となる**アウシュビッツ強制収容所**だった。

ナチスドイツの虐殺施設

アウシュビッツ収容所は、１９４１年5月にドイツ占領下のポーランド南部に建設された。占領地域のユダヤ人と一部の捕虜及び反ナチ派を収容するこの施設の周囲は、高圧電流の流れるフェンスで囲まれ、武装した兵士が監視する複数の見張り塔も設けられた。

こうした設備は他の収容所と対して変わらないが、アウシュビッツの施設には、ガス室、火葬場、地下実験部屋など、他の収容所にはない設備も用意されていた。これらの設置が示す事実は一つ。アウシュビッツ収容所の目的は人々の隔離ではなく、ユダヤ人と反ナチ勢力の殺害だったのだ。

収容所行きとなった人々は入口で選別され、多くはガス室で処刑されるか、非人道的な実験の犠牲となった。助かったとしても、待っているのは強制労働である。劣悪な環境下での労働は人々を衰弱させ、病気になればガス室で処分された。

収容所の入り口には、「働けば自由になる」と書かれた看板が架けられていたというが、実際はウソ偽りに過ぎなかったのだ。

設立から終戦まで、**アウシュビッツに収容されて死亡した人数は100万人以上**とされる。メンゲレが着任した地は、まさに絶滅収容所と言うべき地獄だったのである。

狂気の双子実験

1943年5月にアウシュビッツ入りしたメンゲレは、ヒトラーの意思に従い、虐殺行為に手を染めた。他の同僚が嫌がる収容者の選抜を喜んで行い、「モルモット」と呼んで人体実験の材料としていったのである。

数多くの人体実験の中でも、**メンゲレは双子に執着した**。その理由はアーリア人の出生数を上げるためである。一つの家族が必ず双子を出産すれば、単純計算でも人口の増加速度は2倍になる。そうした野望を抱え、メンゲルは双子への人体実験を繰り返していく。

実験対象となったのは双子として生まれた子どもたちだ。普通であればすぐ実験を行うとこ

アウシュビッツ強制収容所に連行されたユダヤ人たち

ろだが、メンゲレは実に狡猾だった。初めのうちは子どもたちに手を出さず、極めて優しく接していた。一緒に映画や音楽を楽しみ、ドライブをする姿も目撃されていた。そうした穏和な姿が受け入れられて、「メンゲレおじさん」と呼ばれるほどに親しまれるようになった。

だが、メンゲレの態度は実験対象の警戒を解くための罠だった。１９４４年、信頼を得たのを見計らったメンゲレは、**双子の子どもを次々と実験室へと連行**した。体の違いの比較から始まった実験は、やがて眼球への薬物注射や正常な臓器の摘出、四肢の付け替え手術と次第に常軌を逸していった。

中でも狂気に満ちていたのが、結合双生児実験だ。双子の臓器が同時に機能するかを調べるために、兄弟の体を裂いて一つに縫合したのである。いわば人工的に、「シャム双生児」と呼ばれる結合双生児を作ったのだ。さらに、執刀中のメンゲレは、クラシックを口ずさみながら、楽しげに子どもを切り刻んだという。

実験は当然失敗して、双子は繋がったまま苦しみ、その姿に耐え兼ねた両親の手で殺された。このような恐ろしい実験を繰り返したことから、メンゲレは**「死の天使」**という異名で恐怖の対象となった。犠牲になった双子は約3000人で、生き残ったのはわずか180人ほど。生存者の多くが深刻な後遺症やトラウマを抱えていたといわれている。

南米大陸への逃亡

大勢の命を奪った悪魔の施設は、1945年初頭にソ連軍が解放し、収容者が救助されると同時に多くのドイツ兵と医師が拘束された。

しかし、その中に狂気の実験を行ったメンゲレの姿はなかった。ドイツ軍の敗走を知ったメンゲレは、ソ連軍到着前に逃げ出していたのである。その際に、証拠隠滅のため収容者の皆殺しを画策したが、毒ガスの不足で断念したとされている。

ドイツ敗戦後は連合軍に指名手配されたメンゲレであったが、彼はしぶとかった。国内を転々としつつナチス残党との合流を果たすと、国外への逃亡を計画。一行は米ソの追跡を辛くも振り切り、海外への渡航を達成。メンゲレは南米への潜伏を果たし、多くのアウシュビッツ関係者が裁かれる中で、**戦犯指定から逃れることに成功した。**

アウシュビッツ強制収容所に収容されていた子どもたち

逃亡後は発見を恐れて偽名を使い、**収容所の虐殺について謝罪することは一度もなかった。**潜伏先を突き止め会いにきた息子にも、次のように語っている。

「お前も新聞の言うことを信じるのか？　お前の母さんに誓おう、すべてウソだ。私は間違ったことなど決してしたことはない」

しかし、メンゲレが人体実験をしたことは生存者の証言と数多くの証拠が証明している。

その後、メンゲレは一度も裁かれないまま、１９７９年に海水浴中の心臓発作でこの世を去った。

ちなみに、メンゲレが潜伏した村では、彼が住み始めてから双子の出生率が急激に増えたと言われているが、メンゲレが関わったという証拠はないため、噂の域を出てはいない。

29 エリート限定精子バンク

【歪んだエリート意識が倫理上の問題を引き起こした】

発端は歪んだ優生学

近年、精子バンクは子どもを授かる一つの選択肢として認知されてきている。日本ではまだ抵抗を感じる人も少なくないかもしれないが、アメリカでは髪や目の色など外見的特徴や才能などをドナーカタログで選ぶ「デザイナー・ベイビー」時代に突入しつつあるという。

とはいえ、遺伝子の段階から身体的特徴や知性を操作するという点で、差別問題など危険な問題をはらんでいるのも事実だ。

しかし半世紀も前に、既にレイシスト（差別論者）によって、**天才ばかりを作る目的で設立された精子バンクが存在した**。それが「レポジトリー・フォー・ジャーミナル・チョイス（以下レポジトリー）」である。設立者は**ロバート・K・グラハム**。プラスチック製の割れないレンズ開発で財を成した実業家であった。

科学者でもないグラハムが天才を作る精子バンクの設立に至ったのは、20世紀初頭のアメリカでカルト的に流行していた、優生学が影響している。この優生学の論理は「欠点は血に流れている」というものだった。

「貧民が貧しいのは社会が悪いのではなく、そもそも生まれる前の胚から劣性であることは決

エリート限定の精子バンクを設立した実業家ロバート・K・グラハム（画像引用：Youtube「Speaking with Robert Klark Graham about the Genius Sperm Bank 1」https://www.youtube.com/watch?v=kO7t0JdBmug）

まっている。黒人より白人の知性が高いことも、遺伝子の時点で証明されている」

極端な思想と科学を歪め絡めたこの学問に、白人エリート層やレイシストは熱病のように浮かされた。なんと1907年にはこの優生学に基づき、15州で知的障害者に対する強制断種手術を許す法律が制定され、1960年までに2万5000人もの人が施術されている。

グラハムもこの優生思想にどっぷり嵌り、自分には「行き届いた福祉制度のせいで無能な人間も子孫を残せるようになった現代、優秀な人間を増やし世界を救う」という使命があると勝手に思いこんだ。そして同じ思想を持ち、優秀な成果を上げている人材や専門知識を持った研究者に声をかけていく。

これに賛同し最初のドナー提供者となったの

が、トランジスタの発明でノーベル賞物理学賞を受賞者したウィリアム・ショックレーだ。彼も極端なレイシストで、黒人や貧しい人々の断種運動に余生を費やした悪評高い人物だった。

ノーベル賞受賞者の精子バンク

その後、グラハムは全ての準備を整え、1980年に「レポジトリー」を正式に登録。扱う精子提供者はノーベル賞受賞者に限定し、提供を受けられるのもIQ140以上の女性に制限した。このことから通称「ノーベル賞受賞者の精子バンク」と呼ばれ、この呼称をグラハムは気に入っていたという。

ところが、いざ蓋を開けてみると、**精子提供者はショックレーを含めてたった3人**。しかも全員高齢だった。このことが原因で、提供を受けた女性たちは誰も妊娠できなかった。

そこでグラハムは、ノーベル賞受賞まではいかなくとも、科学者、政治家、華々しい家系や恵まれたルックス、突出した才能を持った男性をドナーに選んだ。しかし、才能のあるドナーの精子で才能ある子どもが生まれる確証はない。しかも当時は体外受精が成功する確率すら低かった時代で、妊娠できるかどうかも不明だった。それでも、「もしかしたら」天才が生まれるかもしれないという可能性にグラハムは賭けた。つまり、レポジトリーは一人の実業家が見切り発車で進めた、人体実験施設だったのである。

本当に誕生した天才児

レポジトリー・フォー・ジャーミナル・チョイスに精子を提供したノーベル物理学賞受賞者ウィリアム・ショックレー。グラハムは当初、精子提供者をノーベル賞受賞者に限定したが、提供者が少なすぎたため、軌道修正を迫られた。

当然ながら、露骨な差別主義を標榜するこの精子バンクは、物議を醸した。ところが批判の声が逆に世間への喧伝となり、優れた遺伝子を求める優秀な女性たちの予約も殺到した。

そして１９８２年、**利用者から本当に天才児が誕生した**のである。子どもの名前はドロン・ブレイク。ＩＱ１８０という頭脳を持ち、２歳でコンピュータを操り、５歳でアインシュタインの相対性理論を理解したといわれている。グラハムはマスコミ好きの母親とともに、彼を広告塔として大いに利用。レポジトリーの評判は上がった。だが、希望者が増えると同時に、設立当初からの問題が膨れ上がることとなる。

特別な才能を持った男性が、世の中に大勢いるわけがない。いたとしても、多くはドナーになることを拒否する。レポジトリーは設立時同様、深刻なドナー不足に直面してしまった。

そこでグラハムは、**極秘でドナーの条件を落とす**という禁じ手に出た。結局、実業家の彼は「天才を作る」という一番の目的を放棄し、レポジトリーの存続と収益のため、精子不足の穴埋めを優先させたのだ。

妥協に次ぐ妥協で、精子バンクは根本的な秩序を失った。1990年前半頃には経費削減のため、設備を管理するマネージャーも科学者や技術者ではなくなっていた。ドナーもノーベル賞どころか「来るもの拒まず」状態。それでも「才能あふれるドナーを用意しています！」などの美辞麗句をカタログで謳うという、詐欺組織になり果てていたのである。

しかも、「ドロン・ブレイク以降、天才児はどれだけ誕生したのか」とマスコミに追及されても、グラハムは答えることができなかった。というのも、精子の提供を受けて妊娠した女性に、その後の子どもについてのアンケートを送っても、誰一人返信してこなかったからだ。

全てがうやむやのまま、グラハムと後継者のキンブルが相次いで死亡。1999年にレポジトリーはあっけなく閉鎖した。

現実となった設立者の言葉

ちなみに、レポジトリー唯一の成功例ドロン・ブレイクは、メディア露出のせいで「精子野郎」といじめられ大変な思春期を送ったという。そんな彼は小学校の先生という平凡な道を選び、19歳になって応じた取材で、こう話している。

「高いＩＱを持って生まれた事実は、僕を幸せ

ある精子バンク「カリフォルニアクライオバンク」のホームページ。好みの髪の色や目の色を入力することで、希望に沿った精子を探すことができる（画像引用：「California Cryobank」ホームページ https://cryobank.com/）

にしませんでした。知性が人格を作るのではなく、愛情ある家庭で愛情ある両親が子どもに重圧を与えずに育てることが大切なのです」

知性より愛情。この言葉こそ、ノーベル賞受賞者の精子バンクが出した何よりの成果だったのかもしれない。

それでも現在、生殖ビジネスではサービスの細分化が当然となり、学者やオリンピック選手の精子専門、ハーバードなど一流大学の学生の精子専門など、**特別条件を設けた精子バンクが次々と設立されている**。

「やがて、レポジトリーと同じような精子バンクが世界中に生まれるだろう」

かつて「夢想」と本気にされなかったグラハムの言葉は現実となり、「天才製造実験」は今なお、続いている。

30 コラ半島超深度掘削坑

【海より深く掘り進んだソ連の国家プロジェクト】

前人未到の穴掘り計画

「未知なる世界への挑戦」

そんな言葉を聞けば、多くの人は、宇宙空間や地球以外の惑星への探索を思い浮かべるかもしれない。だが、1970年のソ連では、全く異なる場所を目指すプロジェクトが存在した。その場所というのが**「地底」**だ。20年以上かけて地中を約1万5000メートルまで掘り進めるという、スケールの大きな計画である。

掘削場所には、ロシア北西部に位置し、フィンランドに近い**コラ半島**が選ばれた。ゴール地点とされたのは、「コンラッド不連続面」という領域だ。

コンラッド不連続面は、厚さ30キロメートルの地殻の中間地点に位置する。距離として考えると微妙に思う方もいるかもしれないが、硬い岩盤を掘り進めるのは容易ではなく、当時、どの国もコンラッド不連続面に到達することはできなかった。ちなみに、地殻の下には「マントル」があり、一番深い部分が「核」である。

この前人未到の掘削事業の目的は、地殻の深部がどのような岩石で構成されているかなどを調査する学術的なものであったとされている。もっとも当時のソ連は、宇宙開発や深海潜水な

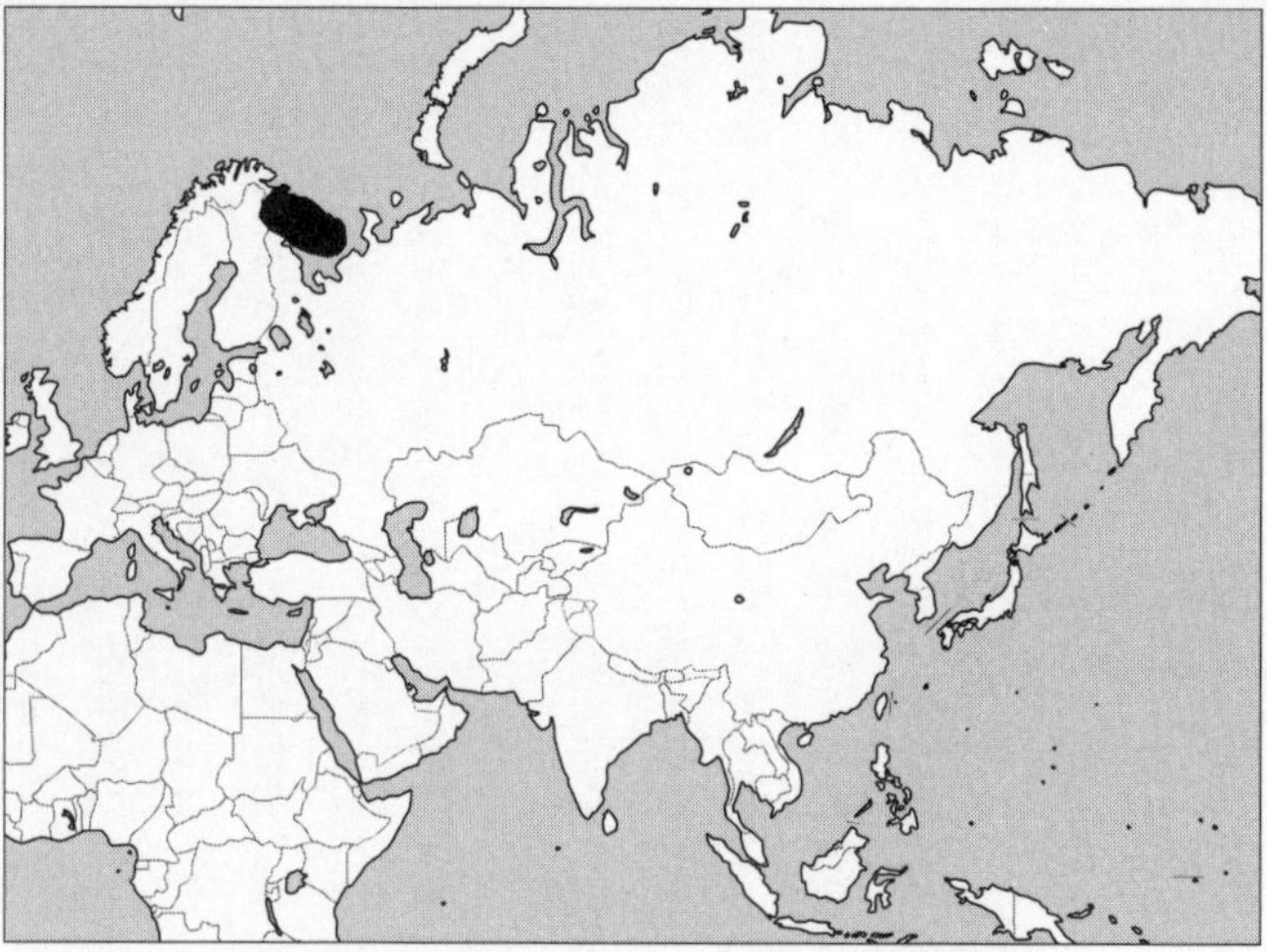

発掘の舞台となったコラ半島（画面左上黒い部分）

どの分野でアメリカと競い合っていた。それゆえ、この「穴掘り計画」も**国家の威信をかけた一大事業であった**という見方もある。

難度の高い掘削事業

とはいえ、技術の進んだ現在でも、深部掘削は難度の高い事業とされている。その理由の一つがコストの高さで、実際10メートル程度の掘削でも、重機や設備のために20万円程度の資金が必要だった。単純計算すれば１００メートルでその10倍、1万メートルなら当然その千倍以上に費用は跳ね上がってくる。

例えば、１９８７年からドイツで行われた「ドイツ大陸科学掘削計画（ＫＴＢ計画）」では、地下約４０００メートルまでの掘削が実施されたが、かかった費用は約5億2800万マルク（422億円）であった。この深度の4倍近くを目標としたコラ半島の掘削計画では、およそ150人の科学者が参加し、掘進管制室などが整備された施設も建造されたため、ドイツの掘削事業の費用を遥かに上回ったことは容易に想像できるだろう。

また肝心の掘削にしても、地表を垂直に掘り続ければ、必ず目的の深度に達することができるわけではない。というのも、地中では1キロメートル掘り下げるごとに、周囲の岩盤からかかる圧力が300気圧ずつ大きくなる。1気圧とは1センチ平方メートルに約1キログラムの圧力がかかった状態を指すので、10キロメートル地点にもなれば、3トンもの圧力が四方八方からかかってくる計算になる。当然、苦労して掘り進めた穴も崩れやすくなる。**現在でも掘削の限界は、地下10キロメートル程度だと考えられている**のだ。

世界最深に到達

だがコラ半島での掘削は、その限界を超えた。計画開始から約20年後の1989年には1万2262メートルに到達。これは1974年、アメリカ・オクラホマ州の天然ガス試掘の9583メートルを抜いた世界最深の記録で、このまま掘り進めれば1993年には目標に達成できるかと思われた。

ところが、敵は気圧だけではなかった。掘削は鉄のパイプを繋いだ先端にドリルを取り付け、地表を掘り進めていくのが基本だ。しか

コラ半島の発掘現場付近

し、地殻の奥には数千度という高熱のマントルが存在し、穴が深く掘られるにつれ、当然温度も高くなっていく。地中では１キロメートル深くなるごとに地熱が20～30度上昇すると言われ、コラ半島の地下温度も約１８０度にまで達するようになった。この高温にドリルが耐えられず１９９２年に計画が中断してしまったのである。前年にソ連が崩壊したことも、掘削事業が頓挫する大きな要因となった。

それでも、世界で最も深いマリアナ海溝よりも深く、富士山がまるまる三つも入る深さの掘削結果は、偉業というに相応しい。人類が初めて到達した地下世界からは、それまで存在しないと考えられていた鉱物由来の水や、大量の水素が発見されるなど、**地質学に大きな進歩をもたらすことになった**。ただ、地底を目指した穴は、現在は鉄の蓋で溶接がされ、施設も廃墟となり足を運ぶ者も少ないという。

一方、**ソ連と敵対していたアメリカでも、同様の掘削事業が1960年代に行われていた。**アメリカが目指したのはコラ半島での掘削よりも深い、地殻とマントルの境目、「モホロビチッチ不連続面（モホ面）」と呼ばれるエリアである。そして、そこに到達すべく穴を掘ることから「Moho+Hole（穴）」で「モホール計画」と名付けられ、メキシコ湾の海底からアクセスが試みられることとなった。

だが、あまりにも大掛かりでコストがかかったため、深度180メートル程度で計画は終了。冷戦時代における「穴掘り合戦」は旧ソ連に軍配が上がった。

ちなみに、コラ半島で打ち立てられた世界最深記録は2011年に塗り替えられている。場所は同じくロシアのサハリンで、天然ガス採掘のために1万2345メートルもの井戸が掘られた。それはコラ半島での掘削事業が頓挫して約20年後のことで、約80メートルの更新である。

マントルを目指して

コラ半島にうがたれた約1万2000メートルの掘削坑は、確かに人類にとって前人未到の領域ではあった。だが、地球の半径は6400キロメートルで、旧ソ連の技術者が掘った穴の深さも、地球の中心までのわずか500分の1程度に過ぎない。1995年1月に起こった阪神淡路大震災では、震源の深さは約16キロメートルと言われ、比較的浅い震源とされている

日本の地球深部探査船「ちきゅう」。この探査船を使ってコラ半島掘削事業をこえるプロジェクトが進行している。(©Copyright Images are generated by Gleamand licensed for reuse under this Creative Commons Licence)

が、人類はまだそのエリアにさえ到達できていないのだ。

だが現在、**コラ半島の掘削事業を凌ぐプロジェクトが、日本の技術の主導のもと行われている**。それが２００５年７月に完成した「海洋研究開発機構（ＪＡＭＳＴＥＣ）」の保有する**地球深部探査船「ちきゅう」**による掘削計画だ。

「ちきゅう」は海底から７０００メートルを掘り抜くことができる世界最高の掘削能力を持っており、「国際深海科学掘削計画（ＩＯＤＰ）」の主力船でもある。この探査船は、人類がまだ踏み入ったことのないマントルまでの掘削も可能とされており、地質学研究者の期待を集めている。そこで鉱石などのサンプルが入手できれば、新しい海底資源の発見や巨大地震発生のメカニズムの解明も夢ではないだろう。

31 ブラックホール発生危機

【巨大なエネルギーの衝突が人類を滅ぼす?】

破滅を招くといわれた装置

科学技術の進歩が著しい昨今、自動運転車や介護ロボットなどが開発され、世の中はますます便利になってきている。そうした科学技術は、私たちの日常生活だけでなく、宇宙の謎に迫るというスケールの大きな研究でも活かされているのだが、同時に人類を滅ぼす危険性も指摘されている。

1999年、イギリスの新聞『サンデー・タイムズ』にセンセーショナルな記事が掲載された。内容は、アメリカで開発中のある装置が世界を滅亡させるというものだった。

装置の名は「**RHIC**(Relativistic Heavy Ion Collider)」。日本語に訳すると「重イオン衝突加速器」となる。この加速器は、比較的安定した金の原子核を光速寸前まで加速させ、互いに衝突させる装置である。これによって、宇宙の始まりとされるビッグバン直後の超高温状態が再現でき、宇宙誕生の研究が進むと期待されていた。

開発元は、ニューヨークのブルックヘブン国立研究所で、日本の理化学研究所なども協力しており、まさに装置の起動は国際的な一大プロジェクトだったといえる。

ブラックホールを生成する可能性を指摘された RHIC の開発元ブルックヘブン国立研究所。RHIC は宇宙の誕生など宇宙物理学の研究に使用される装置。

では、宇宙誕生の起源を探るロマン溢れる実験がイギリス紙で「世界滅亡の危機」と報道されたのはなぜなのだろうか？　それは、**ＲＨＩＣの起動で小型のブラックホールが生成される可能性がある**からだ。

死んだ恒星の末路

宇宙のどこかに存在し、近づくすべてのものを呑み込むブラックホール。ＳＦ映画ではお馴染みの現象だが、その仕組みとなると、一般的にはあまり知られていない。

簡単にいえば、**ブラックホールとは「星の死体」だ**。

どんな星にも生き物と同じく寿命があり、いずれは活動を止めて鉱物やガスの塊と成り果てる。そして、太陽の数十倍もある巨大恒星が死ぬ場合は新星爆発という大爆発を起こして恒星が中心部に圧縮され、超重力の塊となってブラックホールが誕生するのだ。

超圧縮された重力はあまりにも強力で、**近づく物質を全て吸い込み、脱出は事実上不可能**である。地球の重力から脱出するには秒速で約11キロの速度が必要となる一方で、ブラックホール脱出に必要な速度は秒速30万キロ以上。ロケットの速度はおろか光の速さすら優に超えてしまうのだ。

理論上、光速以上の速さは実現不可能とされることから、ブラックホールからの脱出は叶わないとされている。そしてこの事実は、ブラックホールは、光すら呑み込んでしまうことをも意味しているのだ。

ブラックホール発生の真偽

イギリス紙がRHICの危険性を指摘したのは、実験によって原子核衝突時に数兆度という膨大なエネルギーが発生すれば、ブラックホールに酷似した超高密度状態になるのではないかと一部の学者が指摘していたためである。

だが、実際の実験では、ブラックホール発生による世界崩壊は起こらず、一瞬ながらも4兆度の超高温を発生させて、宇宙研究の進歩に役立った。

これで一安心と思いきや、2008年になると、またもやブラックホール危機が再燃することになった。

原因となったのは、スイスとフランスの国境

LHCの実験装置の一つATLAS検出器。全長44メートル、高さ22メートルの装置で、実験で生じた粒子を検出する。（©Copyright Images are generated by Maximilien Brice and licensed for reuse under this Creative Commons Licence）

沿いにある「欧州原子核研究機構（CERN）」で開発された「**LHC**（大型ハドロン衝突加速器）」で、世界最大級の衝突型円形加速器だった。最大級のエネルギー反応を起こせる装置で実験することにより、宇宙誕生の起源を含む様々な物理学上の疑問を解決できると期待されていた装置だ。

ところが、この装置を稼働させる半年前の2008年3月に、**アメリカで原子力保安検査官を務めたウォルター・ワグナーが、ハワイ州地方裁判所で実験の中止を求める訴訟を起こした**のである。

ウォルターは、LHCの実験は極小のブラックホールを発生させる危険性があり、第三者機関が安全性を確認するまで運用を停止するべきと主張。ドイツでもケルンの裁判所で地球がブラックホールに飲み込まれると一人の女性が提訴し、インドでは「LHCが地球を滅ぼす」とする報道を鵜呑みにした16歳の少女が農薬自殺したほどだ。

結局、これらの訴訟は退けられて実験は予定通りに進められたが、世界の滅亡を危惧する声は未だになくならず、2015年末にはブラックホールが発生した証拠を映したという動画が、配信サイトにアップされた。

科学に対する不安

ただし、現在では**仮にブラックホールが発生しても、世界は滅びないとする説が有力**である。根拠は、理論物理学者のスティーブン・ホーキングが提唱した仮説にある。

ホーキングは、1974年にブラックホールは「粒子の放出で質量が徐々に減っているので最終的には蒸発する」と指摘。後に「ホーキング放射」と呼ばれるこの仮説において、予想されるブラックホールの寿命はおよそ質量の3乗。**小型なら数秒も掛からず消滅する**という。

確かにLHCとRHICは、共に高エネルギーの実験が可能な装置ではある。とはいえ、LHCは「粒子加速器としては」高度な実験が出来るというだけで、実際に陽子が衝突した際に発生するエネルギー量は、小型の虫が正面衝突した衝撃と同じくらいしかない。

そしてRHICは数兆度の熱が生じるとはいえ、発生するのは1秒にも満たない一瞬。これほどまでに微小なエネルギーと時間であれば、もしブラックホールが発生しても、ホーキング

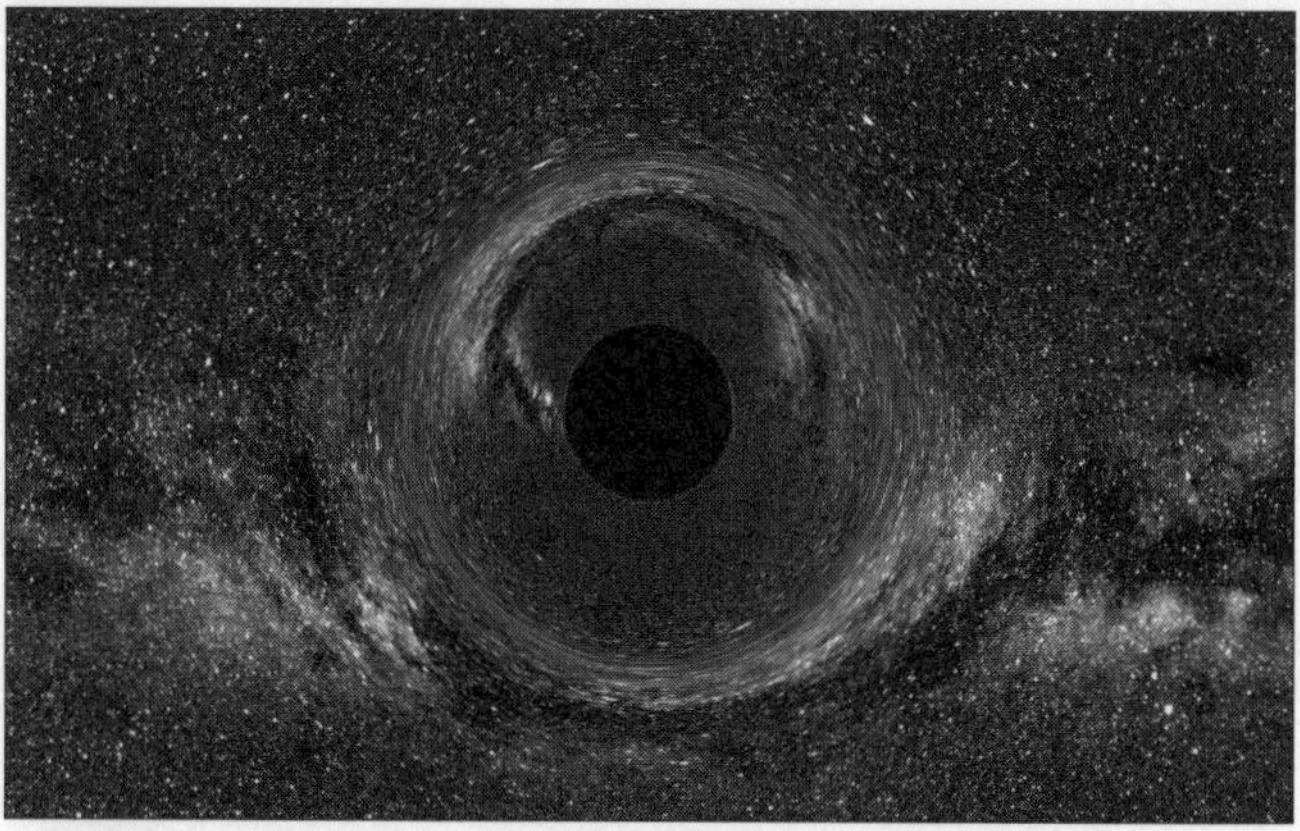

ブラックホールのシミュレーション画像。加速器による実験でブラックホール発生の可能性が指摘されたが、実験は無事成功し、ブラックホールが発生することもなかった。(©Copyright Images are generated by Ute Kraus and licensed for reuse under this Creative Commons Licence)

放射の理論で即座に蒸発すると考えられているのである。ちなみに、実験の影響をスクープしたという動画も、フェイクである可能性が極めて高いという。

しかし、ブラックホール発生をめぐって不安が広がれば、**パニックが引き起こされる**可能性もある。

ＲＨＩＣに限らず、科学が何らかの事故とつながれば、無責任な報道で不安をあおるマスメディアや知識人も増加するだろう。人々に不安が広がれば風評被害が起こり、大規模なパニックを招くことは十分にあり得る。３・11後の日本において、放射能関連の報道が視聴者に不安を与え、福島産製品への過剰な警戒心を招いたが、同様の被害を出さないためにも、一つの意見にとらわれないようにすることが肝心だ。

32 衛星破壊実験
【小さなデブリが宇宙船を破壊する】

宇宙のゴミの脅威

1957年10月4日、ソ連は世界初の人工衛星・スプートニク1号の打ち上げに成功した。軌道に乗った直径58センチの球体は、約1時間35分かけて地球を周回。それは、人類の宇宙進出の幕開けを告げる瞬間であった。

その後、米ソは競い合うように人工衛星を打ち上げ、宇宙開発事業に邁進する。結果、地球を取り巻く人工衛星は、現在では3500基を超え、気象予報や全地球測位システム（GPS）に活用されるなど、人類にとってなくてはならない存在となっている。

だが、華々しい宇宙開発の発展の陰では、**「スペース・デブリ」**という負の遺産も生じていた。スペース・デブリは「宇宙ゴミ」とも呼ばれ、用済みになったロケットの機体や、運用を終えた人工衛星、またそれらから放出されたボルトやナットといった部品類などの廃棄物を指す。

大きさは1ミリメートル以下の微小なものから、大型自動車ほどの巨大なものまで実に様々だ。これまでに膨大な数の人工衛星が打ち上げられた結果、宇宙空間に大量のデブリが漂うようになり、観測可能なものだけでも1万7000個以上にも上るという。

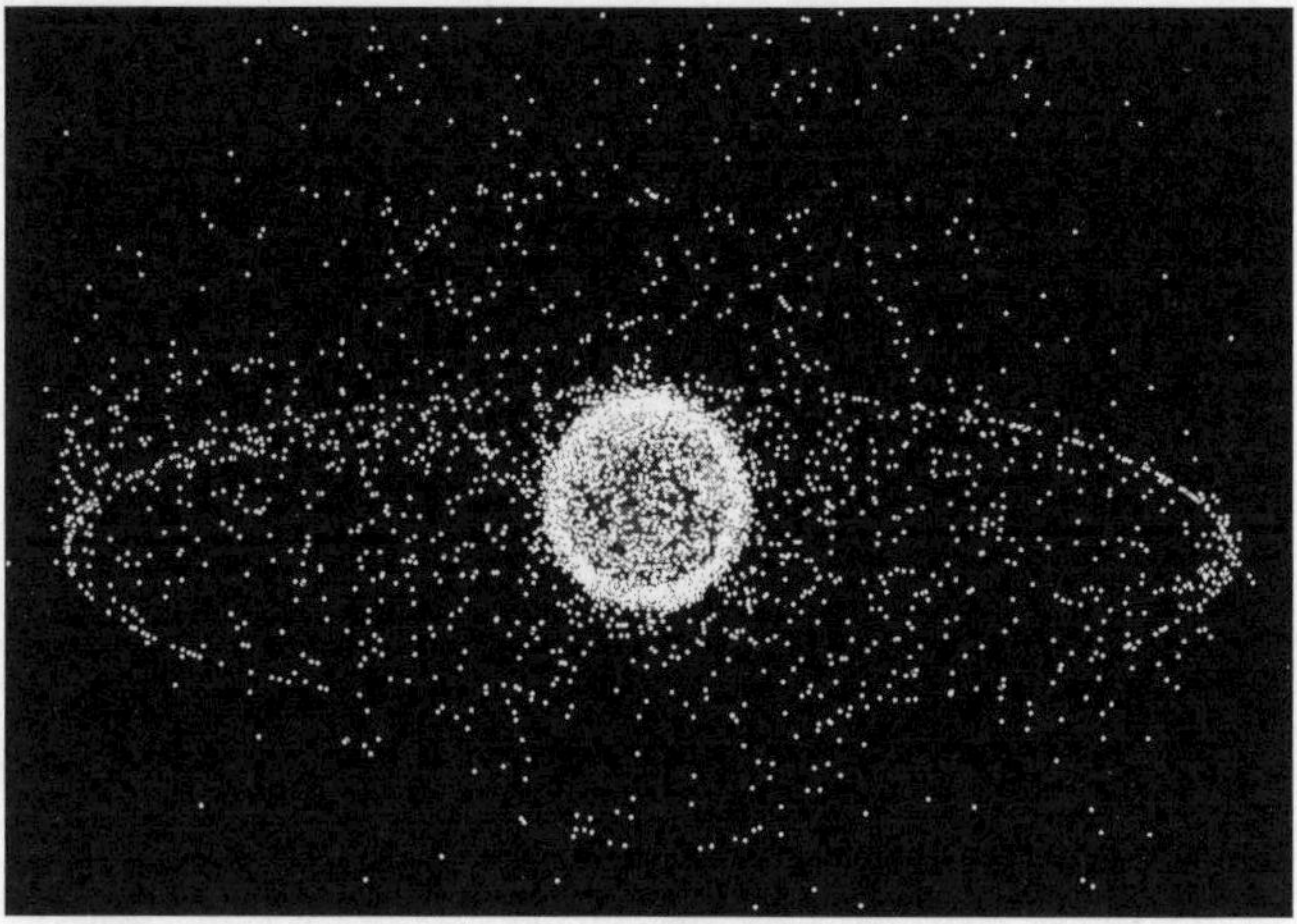

コンピュータがシミュレーションして視覚化した地球をとりまくスペース・デブリの帯

この宇宙のゴミが問題視されるのは、宇宙空間特有の事情がある。デブリは地上のゴミと違い、真空で抵抗のない宇宙空間をさまよっているため、速度は飛躍的に上がり、秒速7キロメートル以上に達する。これはライフル弾の発射速度のおよそ7倍という猛スピードで、**直径1センチメートル程度のデブリでも、乗用車の衝突に匹敵するほどの破壊力を持つ**。

例えば1983年7月、飛行中のスペースシャトル7号の最外層の窓が、ひび割れを起こす事故が生じたが、その原因は人工衛星の表面から剥がれた塗料の欠片がぶつかったからだった。また、1996年7月にはフランスの軍事観測衛星「セリース」が、スーツケース大のデブリと激突する事故が発生。これが運用中の人工衛星が初めて損害を被ったケースであった。

このように宇宙開発の関係者を悩ませているデブリだが、実は、この脅威をさらに拡大させる危険な実験が近年、実施されていたのだ。

中国の危険な実験

それが、2007年1月に中国が行った**自国の人工衛星へのミサイル攻撃**だ。標的となったのは、1999年に打ち上げられた気象衛星「風雲1号C」。高度約860キロメートルの地点でミサイルの直撃を受けた風雲1号Cは、アルミパネルや搭載機器もろとも一瞬で木端微塵となった。そのとき散らばった破片は、10センチメートル以上のものが約3400個、1センチメートル程度のものではおよそ20万個にも上ったという。しかも、それらデブリの一部は、国際宇宙ステーション（ISS）が利用している高度約400キロメートルの軌道にも入ったことが確認されているのだ。

ISSでは、10センチメートル以上のデブリの衝突が予想される場合には、軌道変更などの衝突回避操作が行われるが、1999年から2014年までの間では、21回もの回避操作が実施されている。また、2011年6月にはISSに滞在中の日本人宇宙飛行士が、デブリの近接のため脱出用ロケットに退避する事態も起こっている。

中国の実験により、デブリの衝突リスクが格段に高まったことは間違いない。宇宙の玄関口で爆破テロを起こしたにも等しい暴挙と言える。

この実験の目的は、**アメリカが運用しているミサイル防衛（MD）への対抗措置**だといわれ

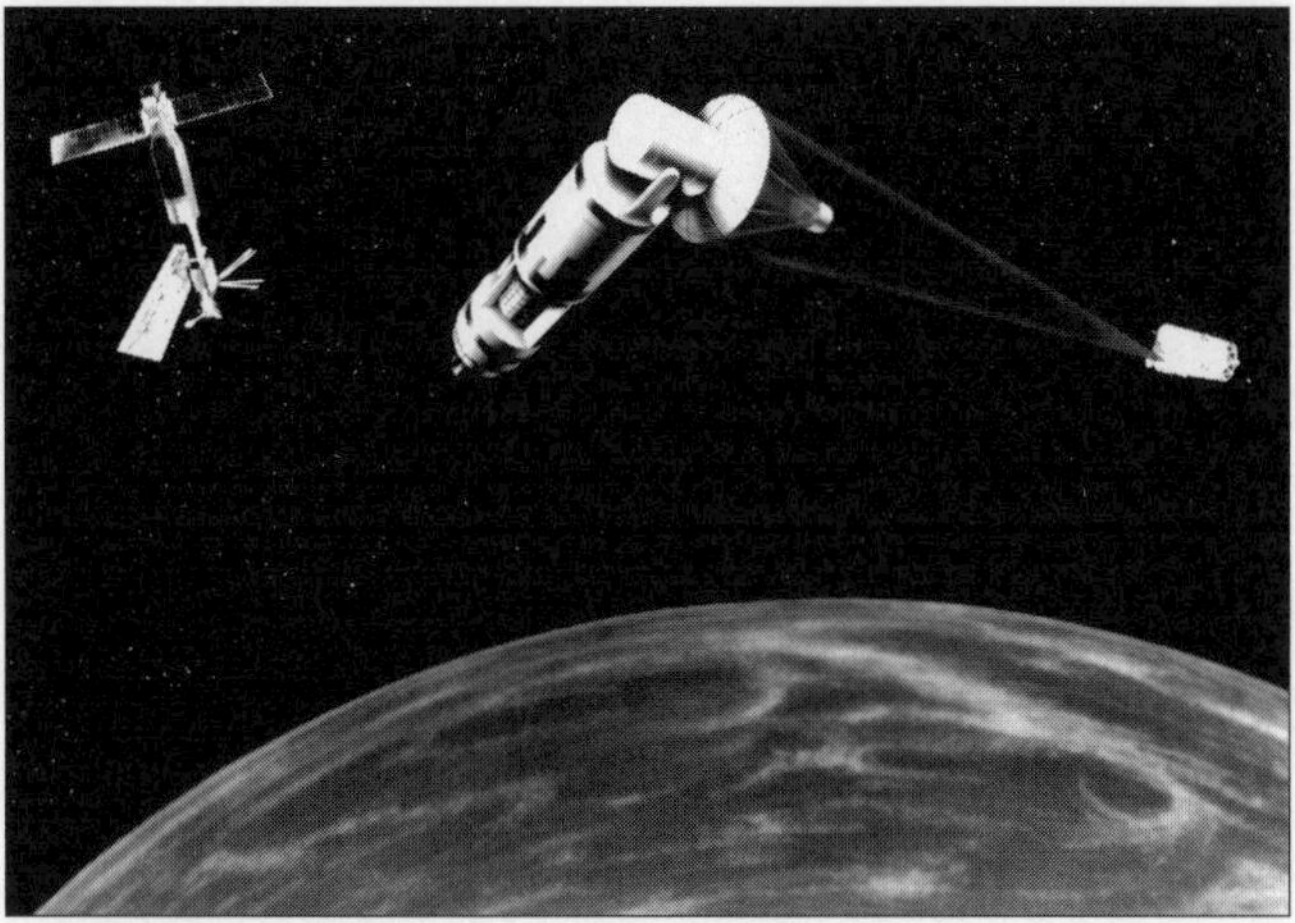

アメリカのミサイル防衛イメージ図。赤外線センサーによって地上の大陸間弾道ミサイルを検知する。

ている。ＭＤは、衛星軌道上に赤外線センサーを搭載した早期警戒衛星を配備し、他国の大陸間弾道ミサイルの発射を宇宙から検知することができる。そのため、中国は自国の衛星を破壊することで、アメリカに対しＭＤを破壊する手段を持っているとアピールをしたというのだ。

実験の翌月には国連の宇宙空間平和利用委員会で、デブリ削減に関するガイドラインの最終調整がなされる予定であったから、このタイミングでの破壊行為は、**国際社会への挑発行為**と受け取られても仕方ないだろう。

米露も行っていた衛星破壊

当然、アメリカをはじめとした主要国は中国を非難したが、実は冷戦時代にはアメリカや旧ソ連も同様の破壊攻撃を行っていた。その目的は、**敵国の軍事衛星への攻撃を想定した兵器の性能テストや、機密保全のための自爆**といった軍事的なものであった。

例えばアメリカは、1985年にF15戦闘機によるミサイル発射で、科学衛星「ソルウィンド」を破壊。高度約500キロメートルにあったソルウィンドは、アラスカ上空で破壊され、287個のデブリを生むことになった。

またソ連も、1968年にコスモス249号を、その10日後にコスモス252号を打ち上げた後に、それぞれを自爆させ、その破片で付近にいたコスモス258号を破壊している。この2回の爆破により、やはり計249個ものデブリが宇宙空間に放たれることになった。

これらのデブリの飛散については、世界的に危惧の声が上がったため、ソ連は宇宙での爆破実験を行わないことを公式に宣言。アメリカも高高度での意図的な破壊行為は行わない方針を立てることとなった。そのため1980年代の後半から、衛星破壊実験が行われることは無くなっていたのだ。

地上への落下の恐れも

ところが中国は、2007年の実験で各国から抗議を受けたにもかかわらず、2014年には、2度目の爆破実験を行った。この時は、衛星にミサイルが衝突することはなかったものの、デブリの削減を訴える国際世論の神経を逆撫でする行為であったことには間違いない。

だが、「遥か上空の話だから日常生活には関

1985年、衛星ソルウィンドに向かってミサイルを発射するF15戦闘機。冷戦期は機密保持や性能テストのために米ソによる衛星破壊実験が行われていた。

係ない」と思う人も多いだろう。確かに、デブリが地球の大気圏内に突入しても、そのほとんどは2000度にものぼる摩擦温度で燃え尽きる。しかし、**チタンやステンレス合金など融点の高い素材でできた部品は、消滅せず地表に落下する場合もある**のだ。

実際、1962年にはスプートニク4号の10キログラムの金属破片がアメリカ・ウィスコンシン州の交差点に激突した例があり、1997年にもロケットのタンクがほぼ原形をとどめたままテキサス州の農場に墜落。その際、破片が肩に当たって負傷した女性もいたという。

現在、落下するデブリのほとんどは米露の人工衛星を由来とするものだが、今後は中国産のデブリが、頭上目がけて落ちてくることも決して考えられない事態ではないのだ。

33 ＡＩの進化

【人工知能が人類を滅ぼす日はくるのか？】

進化し続けるＡＩ

最近メディアを賑わすことが多い**人工知能「ＡＩ」**。家庭内でも、部屋の形状を認識しながら作業をこなす掃除ロボットや、在庫から調理可能なレシピを提案するＡＩ冷蔵庫など、これまで想像もつかなかったような製品が次々と登場している。

このＡＩの最大の特徴の一つとして、**「機械学習」**ができることが挙げられる。機械学習とは、「コンピュータが実社会やウェブ上に存在する膨大なデータを解析し、ビジネスなどに役立つパターンを抽出していく」能力のことだ。人間のように自分で必要な事柄を学び、成長できる能力と言い換えてもいいだろう。

１９８０年代は中学校の試験問題を解く程度だったが、近年は性能の向上が著しく、２０１１年にはアメリカのＩＢＭ社が作った人工知能**「ワトソン」**が、クイズ番組でチャンピオンに勝利。また２０１６年3月に、囲碁のＡＩが世界トップレベルの棋士に圧勝したことは、ニュースでも大きく報じられた。さらには、アメリカの通信社では文書作成ソフトが自動で記事を書き、日本の国立情報学研究所でも東大入試にチャレンジするＡＩなどが続々と開発さ

クイズ番組に出演しチャンピオンに勝利したIBM社の人工知能ワトソン

れている。このように縦横無尽に進化を続けるＡＩは、今後も人類の生活や仕事の利便性を飛躍的に高めてくれることだろう。

ただ、学習能力を備えたＡＩが自律的に始動するということは、これまで人間側が持っていた機械の支配権を、機械自身に譲り渡すことにもつながる。そして、そのことによって引き起こされる悲劇は、**「自動運転車の死亡事故」**という形ですでに現実のものとなっているのだ。

自動運転で初の死亡事故

ハンドルやアクセルを操作しなくても、目的地まで連れて行ってくれる自動運転車。その実用化は２０２０年以降と予想されていたが、２０１０年10月に早くもアメリカ・グーグル社が、無人で走行できる自動運転車で、計22万キロメートル以上の走破実験に成功している。その後も世界的な開発が進み、２０１５年10月にはアメリカのテスラ社が自動運転車を製品化し、世に送り出した。

搭載されたハードウェアは、車の周囲を３６０度感知できる超音波センサーや、前方の車を自動追従する運転支援システム、また高精度のブレーキ補助システムなど。これら最新鋭のＡＩを駆使することで、人が運転するよりも遥かに安全な走行が実現するはずであった。だが販売から約半年後、事故は起こった。

それは２０１６年5月7日、アメリカ・フロリダ州でのことだった。**自動運転で幹線道路を走行していた車が、交差点を曲がろうとした大型トレーラーに衝突した**のだ。車は２つのフェンスを突き破り、電柱に激突して停止したが運転手は死亡。このニュースは「自動運転による初の死亡事故」として世界中の話題となった。

事故の原因は、当日の陽射しが非常に強かったため、白い色のトレーラーをセンサーが察知できず、自動ブレーキが作動しなかったことだとされている。さらに運転手が車内でＤＶＤを鑑賞しており、そのため前方に迫った車両に気付かなかった疑いもあるという。

まさにこれは、ＡＩを過信したために起こった悲劇と言えるだろう。だが、人が関与しない自動運転による事故は、誰が責任を取ることになるのだろうか。

責任はどこに？

グーグルが開発中の自動運転車「Google セルフドライビングカー」（©Copyright Images are generated by Grendelkhan and licensed for reuse under this Creative Commons Licence）

テスラ社によれば「自動運転中であっても、ユーザーは手動モードへの切り替えが可能で、常に車両を制御できる環境にある。それゆえ運転責任はドライバーが負うもの」と明言している。そして自動運転モードの際は、画面上に「常にハンドルを握っておくこと」などの注意が表示され、手放し状態が頻繁に続くと警告音も発せられるという。つまり、**走行中の車への管理監督義務は、従来と同じくユーザーにある**ということになる。

確かに事故の前に行った操作や、インストールしたアプリなどが事故の原因であれば、その責はドライバーにあると言えるだろう。

だが、本来発揮されるべき自動運転の機能が正常に作動しなかった場合、当然メーカー側も法律上の責任を問われることとなる。また性能上のトラブルだけでなく、自動運転の利便性を強調するあまり、運転への意識を欠く状況にユーザーを誘導したことが認定されれば、広告手法に何らかのペナルティが与えられるだろう。

さらに自動運転を支える情報インフラに落ち度があった場合などでは、その管理を行う企業の責任が問われる可能性も出てくる。そして、これらの原因が重複して発生する事故も想定できるため、当事者間で責任の擦り合いが始まることも十分あり得る話だ。被害者や遺族の救済がおろそかになってしまえば、技術の粋を集めた自動運転車も、悪夢のマシンとなってしまいかねない。今後は、**手動運転よりも遥かに綿密な法整備や、自動車保険制度の見直しが必要になってくる**だろう。

このようにＡＩは社会や法体系にも多大な影響を及ぼすが、一方でその優れた知能が予測不能な方向へと発展してしまうことを危ぶむ声もある。その代表が**「２０４５年問題」**だ。

ＡＩが人類を超える日

２０４５年問題とは、ＡＩ研究の世界的権威であるレイ・カーツワイルが唱えた説で、「もしＡＩが、自らを規定しているプログラムを自分で改良できるレベルに至れば、その進化は永続的なものとなり、２０４５年には人間の知能を超える存在になる」というものだ。そして、それ以降、**人類はＡＩの進歩を予測できなくなる**と言われている。ＡＩを搭載したロボットが自らの意思と知識、技術で、人間を超えるスーパーＡＩを生み出してしまうかもしれない

AIが人類を超えると予言するレイ・カーツワイル。2012年にグーグルの技術開発責任者に就任し、AI開発の指揮をとっている。（©Copyright Images are generated by Gleamand licensed for reuse under this Creative Commons Licence）

のだ。こうなると、もはや**神の領域に達した**といっても過言ではない。

例えばスタンリー・キューブリック監督のＳＦ映画『２００１年宇宙の旅』には「ＨＡＬ」というＡＩが登場する。ＨＡＬは宇宙船内でスタッフの健康管理や船の制御などを行うが、あるミッションの遂行にあたり、「乗組員は邪魔になる」と自ら判断を下して、人間に危害を加えるアクションを起こし始めるのだ。むろん、これはフィクションだが、近い将来ＨＡＬのように人類を脅かすＡＩが出現しないという保証はどこにもない。

人工知能の開発は、確かに人類の発展には欠かせない事業だ。だがＡＩがもたらす高い利便性には、未来への脅威という副作用が隠れている可能性も忘れてはならない。

参考文献

「衝撃の人体実験大全」（宝島社）
「世にも奇妙な人体実験の歴史」トレヴァー・ノートン著／赤根洋子訳（文藝春秋）
「報道されない　超衝撃事件の真相」金原巴緋郎著（竹書房）
「青い目茶色い目」ウィリアム・ピータース著／白石文人訳（日本放送出版協会）
「明治奇聞」宮武外骨著／吉野孝雄編（河出書房新社）
「スキャンダルの科学史」（朝日新聞社）
「自分の体で実験したい」レスリー・デンディ、メル・ボーリング著／梶山あゆみ訳（紀伊國屋書店）
「日清戦争」原田敬一著（吉川弘文館）
「日本にも戦争があった」篠塚良雄、高柳美知子著（新日本出版社）
「生体解剖」上坂冬子著（中央公論新社）
「地底の科学」後藤忠徳著（ベレ出版）
「ダイヤモンド号で行く地底旅行」入舩徹男著（新日本出版社）
「スペースデブリ」加藤明著（地人書館）
「宇宙のゴミ問題」八坂哲雄著（裳華房）
「AIの衝撃」小林雅一著（講談社）
「東大准教授に教わる『人工知能って、そんなことまでできるんですか？』」塩野誠、松尾豊著（KADOKAWA／中経出版）
「2045年問題」松田卓也著（廣済堂出版）
「トランス心の神秘を探る」ブライアン・イングリス著／笠原敏雄訳（春秋社）
「『最悪』の法律の歴史」ネイサン・ベロフスキー著／廣田明子訳（原書房）
「マインドコントロールの拡張」浜田至宇著（第三書館）

「愛を科学で測った男」デボラ・ブラム著／藤澤隆史、藤澤玲子訳（白揚社）
「図解雑学　生物・化学兵器」井上尚英著（ナツメ社）
「化学兵器犯罪」常石敬一著（講談社）
「悪魔の生物学　日米英・秘密生物兵器計画の真実」エド・レジス著／山内一也監修／柴田京子訳（河出書房新社）
「アメリカ人の核意識　ヒロシマからスミソニアンまで」アラン・M・ウィンクラー著／麻田貞雄監訳／岡田良之助訳（ミネルヴァ書房）
「核実験は何をもたらすか　核大国アメリカの良心を問う」河井智康著（新日本出版社）
「心は実験できるか　20世紀心理学実験物語」ローレン・スレイター著／岩坂彰訳（紀伊國屋書店）
「世界におけるいもち病研究の軌跡」浅賀宏一他編（日本植物防疫協会）
「マインド・コントロールとは何か」西田公昭著（紀伊國屋書店）
「寄生虫病の話　身近な虫たちの脅威」小島荘明著（中央公論新社）
「ブレンダと呼ばれた少年」ジョン・コラピント著／村井智之訳（無名舎）
「最後のナチ　メンゲレ」ジェラルド・アスター著／広瀬順弘訳（読売新聞社）
「アウシュヴィッツの医師たち　ナチズムと医学」F・K・カウル著／日野秀逸訳（三省堂）
「ホロコーストの科学　ナチの精神科医たち」ベンノ・ミュラー・ヒル著／南光進一郎監訳（岩波書店）
「狂気の科学」レト・U・シュナイダー著／石浦章一、宮下悦子訳（東京化学同人）
「七三一部隊細菌戦の医師を追え」高杉晋吾著（徳間書店）
「技術者たちの敗戦」前間孝則著（草思社）
「ロバート・オッペンハイマー　愚者としての科学者」藤永茂著（朝日新聞社）
外務省（http://www.mofa.go.jp/mofaj/）
Pars Today（http://parstoday.com/ja）
ＣＮＮ（http://www.cnn.co.jp）
ＮＨＫ（http://www.nhk.or.jp）

彩図社好評既刊本

本当は怖い
日本のしきたり

火田博文 著

我々が大事にしているしきたりや風習には、陰の歴史が刻まれている。子どもの厄を払う羽根つきや、主人に重労働を強いられた娘たちの怨みがこめられている子守唄はその典型だ。そんな日本人が連綿と受け継いできた裏面史を紹介。きれいごとなしの異世界が見えてくる。

ISBN978-4-8013-0151-1　B6 判　本体 537 円＋税

表紙画像
左上：Oleg Golovnev/Shutterstock
左下：agsandrew/Shutterstock
右上：Kiselev Andrey Valerevich/Shutterstock

封印《ふういん》された科学実験《かがくじっけん》

2016年10月21日第1刷

編者　科学の謎検証委員会
制作　オフィステイクオー
発行人　山田有司
発行所　株式会社　彩図社《さいずしゃ》
〒170-0005
東京都豊島区南大塚3-24-4　MTビル
TEL 03-5985-8213　FAX 03-5985-8224
URL：http://www.saiz.co.jp
https://twitter.com/saiz_sha
印刷所　新灯印刷株式会社

ISBN978-4-8013-0177-1　C0095